Eduard Grisebach

Die treulose Witwe

Eine chinesische Novelle und ihre Wanderung durch die Weltliteratur

Eduard Grisebach

Die treulose Witwe
Eine chinesische Novelle und ihre Wanderung durch die Weltliteratur

ISBN/EAN: 9783743470507

Hergestellt in Europa, USA, Kanada, Australien, Japan

Cover: Foto ©ninafisch / pixelio.de

Weitere Bücher finden Sie auf **www.hansebooks.com**

Eine Chinesische Novelle

UND

IHRE WANDERUNG DURCH DIE WELTLITERATUR

VON

EDUARD GRISEBACH

WIEN

VERLAG VON L. ROSNER

22, TUCHLAUBEN, 22

DIE
TREULOSE WITWE.

REICHTÜMER und ehren sind wie ein lustiger traum der fünften nachtwache; beförderung des verdienstes gleich einer vorüberschwebenden wolke. Selbst das fleisch und blut vor deinen augen ist falsch, und liebe und dankbarkeit kehren sich in hass und feindschaft. — Nimm nicht ein goldenes halseisen, deinen nacken darein zu stecken, noch ein schloss von edelstein, die kette an deinem fusse damit zu verschliessen. — Es ist eine köstliche und ruhmvolle pflicht, mit einem reinen herzen, sich der begierde zu entäussern, und alles abzuschütteln was irdisch ist. —

Diese stelle des gedichtes betitelt „der mond auf dem westlichen flusse" ist ein wort der ermahnung an das alter, das den menschen auffordert, sein leben zu bessern und alle losen grundsätze mit der wurzel auszureissen; dem ausschweifenden ruft es zu, halt zu machen auf seiner bahn. Denn da die verwandtschaft zwischen vater und mutter gleichsam eine himmlische ist und brüder einander gleichen wie hände und füsse, so müssen sie, wurzel und zweige, sorgsam beschnitten, und nicht abgeschnitten werden. Die drei religionen des Confucius, des Lao-keun (oder Tao) und des Buddha, obwol sie verschieden sind, so unterlässt es doch keine von ihnen die kindliche pietät und die brüderliche achtung einzuprägen. Kinder aber und grosskinder stehen einen grad tiefer und haben nicht das gleiche recht. Das sprichwort sagt richtig:

Kinder und grosskinder werden ihre besondre glückseligkeit haben;
Erwarte nicht, dass deine kinder kühe und pferde werden.

Das verhältnis aber von gatte zu gattin, obwol in wahrheit der rote faden rund um ihren nacken geschlungen ist und das scharlachband ihre füsse zusammenhält: was bindet sie anders als der reiz des fleisches? Nur mit wachs sind sie zusammengeleimt. Wie das sprichwort richtig sagt:

Gatte und gattin sind zwar vögel aus demselben haine,
Wenn aber der tag anbricht, so fliegt jedes seinen weg.

Ja, so lieblos und leichtfertig sind die gefühle des gegenwärtigen zeitalters! Vater und mutter, ältere und jüngere brüder, sie werden angesehen wie einander gleichgültige menschen. Und wenn söhne und grosskinder noch ein schwaches teil von zuneigung geniessen: wie steht es dagegen mit der liebe zwischen mann und weib! Die männer sind versunken in die liebe des harems und doch nur zank, neid und streit hallt ihnen aus den gemächern der frauen entgegen. Wie viele haben von ihren weibern getäuscht unkindliche und unbrüderliche handlungen verübt!

Ich will die geschichte Tschwang-sängs der auf der thönernen flöte spielte erzählen, aber nicht, um uneinigkeit zwischen gatten und gattin zu stiften, sondern um die welt zu lehren, dass sie weisheit und unweisheit unterscheide; um die wahrheit zu ergründen und vom irrtum abzugrenzen; um von der ersten geburt eines verrats anzuheben und die sünde in ihrem ganzen umfange darzulegen. Denn wenn die sieben wurzeln des tuns klar und unbefleckt sind, dann spriessen tugendhafte gedanken üppig auf und gewinnen sich geltung. Ein alter mann, als er einen landmann grünen reis in ein moorfeld pflanzen sah, brach in diese verse aus:

*Haltend das korn in seiner hand pflanzt er den grünen
    reis in das feld;
Niedergebeugt sein haupt gewahrt er den himmel
    wiedergespiegelt im wasser.
Wenn die sieben wurzeln rein und unbefleckt sind, so
    wird es nachmals reis werden
Und ein schritt zurück wird zu einem schritt vorwärts.*

Die überlieferung berichtet, es lebte während der letzten jahre der regierung Tschau's ein grosser gelehrter, der hiess Tschwang-săng, sein ehrenname war Tsze-te, ein einwohner der stadt Mung, im fürstentum Tsung. Er diente dem kaiser als beamter des Tseïh-juen.

Sein lehrer war ein sehr heiliger mann, der begründer der Taosekte, mit namen Le-urh, mit ehrentitel Pïh-jang, welcher mit weissem haar geboren war und deshalb Lao-tze, das alte kind, hiess.

Tschwang-săng sah beständig in den wachen träumen seiner phantasie, dass er in einen schmetterling verwandelt wäre und über die pflanzen und bäume des gartens flatterte. Diese idee kehrte ihm immer wieder und er fühlte überdies beim erwachen seine schultern und seiten sich bewegen, gleich einem paar flatternder schwingen. Das erfüllte ihn mit staunen und nicht lange nach diesem traume als er eines tages bei Lao-tze war und sie in guter musse des gesprächs pflogen, erzählte er den traum seinem lehrer. Dieser heilige mann, fähig alle dinge zu verstehen, die sich von der vergangenheit zur gegenwart in den drei stadien der existenz ereignen, ein ergrübler der gründe, welche die welt in angst halten — wusste sehr wol, dass Tschwang-săng im anfang, zu den zeiten des chaos, ein weisser schmetterling gewesen; dass sein erstes leben vom himmel, das zweite von den waldbäumen entstammte deren ruhm ihre blätter und blumen sind; dass der weisse schmetterling, die essenz der blüten sammelnd und die lieblichkeit der sonne und des mondes einsaugend und harrend bis er ihren geist in sich aufgenommen, in ewiger unsterblichkeit lebte, seine schwingen entfaltend gleich den rädern eines wagens. In der folge aber wanderte er zu den Yao-tsche oder den inseln der seligen, heimlich gelangte er dahin und saugte den blütenstaub der berühmten pfirsiche und wurde dabei von dem grünen phoenix verschluckt, welcher die blumen bewacht unter dem thron der mutter des westlichen königs. Die seele des schmetterlings wurde nicht mit zerstört, sondern ihr loos war wiederzuerscheinen in der welt und Tschwang-săng zu werden. Und Tschwang-sängs vernunft (Tao) sollte das feste herz (Lao-tze) verehren und Tschwang-sängs weisheit die lehre Wu-wei, der grossen ruhe, noch reiner machen. Als er von Lao-tze die offenbarungen über sein früheres leben empfangen hatte, da erkannte er wie einer, der aus einem traume erwacht, dass der wind, welcher seine schultern und seiten erzittern machte, ihn an den schmetterling erinnern wollte, und er begrub in sich alle weltlichen empfindungen von ruhm und schande, er betrachtete sie wie eine vorübergleitende wolke oder einen vorbeifliessenden strom und nicht das kleinste teilchen von ihnen wollte er sein eigen nennen. Als Lao-tze gewahrte, dass sein herz erwacht war, da vertraute er ihm an das geheime vermächtnis der fünf tausend charactere des Tao-tĭh-king, des buchs vom pfade der vernunft und tugend er zog es aus seinem schrein und schenkte es ihm, es auswendig zu lernen, herzusagen und auszuüben. Durch dies buch gebildet und geläutert sollte er die macht erlangen, licht und schatten, seele und leib zu trennen, seine göttliche natur zu entwickeln und in einen geist sich zu verwandeln.

Tschwang-säng gab seinen posten als minister des Tseïh-juen auf, sagte Lao-tze lebewol und wanderte fort, das Tao zu suchen. Obwol er der lehre des Lao-tze-keun anhing, so zerschnitt er doch das band zwischen gatten und gattin nicht und heiratete nacheinander drei weiber. Die erste war krank geworden und vor der zeit gestorben; von der zweiten hatte er sich geschieden wegen eines fehltritts, und die dritte, war eben die, von der ich erzählen will, und hiess Tien-sche. Sie war eine tochter aus der familie Tien, im königreiche Tse. Als Tschwangsăng im staate Tse reiste, hatte ihm Tien-tsung aus achtung vor seinen talenten diese seine tochter zur ehe gegeben. Sie übertraf die ersten beiden frauen weit an schönheit, ihr gesicht hatte die farbe eines milchweissen eiszapfens oder des schnees und rief liebe hervor wie ein engel. Obgleich er sinnlicher lust entsagt hatte, so war er doch ganz übernommen von ihrer schönheit und entzückt von ihr wie ein fisch im wasser.

Um diese zeit sandte Wei-wang, der beherrscher des königreichs Tsu, welcher von Tschwang-săngs tugenden vernommen, einen boten mit hundert pfund gold, tausend stück feiner seide und einem leichten wagen mit vier pferden, um ihn als ersten minister an sich zu fesseln. „Wenn die kuh, welche zum opfer bestimmt ist" sagte

Tschwang-säng mit einem seufzer „geschmückt mit gestickter seide stroh und kraut wiederkäut und den stier am pfluge ermüdet und atemlos gewahrt: dann beglückwünscht sie sich selbst wegen ihres guten geschicks; aber wenn sie in den grossen tempel eintritt und messer und beil vor ihren augen sieht, dann wünscht sie den pflug zu ziehen, allein vergebens." Und er lehnte die geschenke ab und begab sich mit seinem weibe in den staat Sung und lebte zurückgezogen auf den Nan-hwa hügeln, im süden von Tao-tschau.

Eines tages, als er unter den abhängen umherwandelte, bemerkte er eine anzahl wüster gräber, dicht aneinandergehäuft, und er rief aus mit einem seufzer: „Alt und jung, weise und toren, ohne unterschied kehren alle hierhin zurück! Wenn der mensch in das grab gestiegen, wie kann er wieder zu einem menschen werden?" Nachdem er eine weile geseufzt, tat er einige schritte vorwärts und sah plötzlich ein neues grab, dessen hügel noch nicht trocken war und eine junge frau in schlichtem kleide sass daneben und schwang darüber gemächlich einen offenen fächer. Als sie ohne nachzulassen in dieser beschäftigung fortfuhr, fragte er voll erstaunen: wer hier begraben sei und warum sie beständig ihren fächer über das grab schwinge? Die frau veränderte ihre stellung nicht, sie fuhr fort zu fächern wie vorher, und lispelte einige worte — worte von denen man sagen könnte:

Im augenblick als sie vernommen wurden, taten sich
tausend münder zum lachen auf;
Und als man die worte erwog, da waren sie schänd-
lich über die maassen.

— „Der in diesem grabe liegt" sagte die frau „ist der arme narr, mein verstorbner mann, er hatte das misgeschick zu sterben und hat seine gebeine hierhin gebettet. Während seines lebens war sein weib ihm alles; im tode nur verliess er mich, wider willen, und sprach mir auf dem sterbebette als letzten wunsch aus: wenn ich wiederheiraten wollte, so möge ich warten, bis die leichenfeier beendet und die erde über seinem grabe trocken geworden sei. Nun fächere ich es, weil ich besorge, die frisch aufgeworfene erde werde noch lange nicht trocken werden."

— „Diese frau" dachte Tschwang-sång bei sich, ein lächeln unterdrückend „ist von hastigem temperament; ich bin verwundert, dass sie in ihrem leben in so gutem einvernehmen gestanden; wäre das nicht der fall gewesen, dann wäre eher zu dem jetzigen benehmen ein anlass."

Er antwortete alsdann laut: „Wenn ihr diese erde gedörrt und trocken haben wollt, so ist das bald geschehen; aber euere handgelenke sind schwach und haben nicht kraft genug zu fächern. Ich selbst will für euch die arbeit übernehmen."

— „Das glück sei mit euch" sagte die frau, indem sie aufstand und sich verbeugte „ich bin euch sehr verbunden", nahm den offenen weissen fächer mit beiden händen und reichte ihn Tschwang-săng. Der erhob die hand, nach den vorschriften der Tao-lehre, fächerte eine zeit lang über dem haupte des grabes und das wasser verdunstete und der boden wurde sofort trocken. Die frau lachte so, dass du ihr gesicht mit deiner hand hättest umspannen können.

— „Ich habe euch die mühe gemacht, mein herr", sagte sie, „eure zauberkraft anwenden zu müssen" und sie erhob ihre zarte hand zur seite ihres hauptes, zog sich eine silberne haarnadel aus dem haar und bot sie Tschwang-săng an sammt dem fächer, und dankte ihm so sehr sie konnte. Die silberne haarnadel lehnte er ab, den fächer nahm er an, sie aber ging fröhlich von dannen. Tschwang-săng kehrte heim, nicht ganz ruhigen gemütes, und in seiner strohgedeckten halle blickte er auf den fächer und seufzte diese stanzen:

*„Es sind nicht die in zwist getrennten, es sind jene die
    zusammen gewohnt;
Feinde sogar, wenn zu einander gebracht, so hören sie
    leicht auf, es zu sein.
Wie bald aber erkennt man, dass nach dem tode kein
    gefühl und keine gerechtigkeit waltet!
Weise glauben, gedanken und liebe während des lebens
    sind genug."*

Tien-sche stand hinter ihm, hörte ihn sprechen und seufzen und trat vor, ihn zu fragen was es gäbe.

— „Mein meister" sagte sie — denn als Tao-tze (doctor der Tao-secte) wurde er jetzt mit „meister" angeredet — „was hat mein meister, dass er seufzt und von wannen kommt dieser fächer?"

Er erzählte ihr alles, was sich mit der frau zugetragen, die das grab gefächert, und die erde 'trocken haben wollte, um sich wieder zu verheiraten.

— „Dies ist der fächer" sagte er „der zu jenem zwecke gebraucht wurde und die frau schenkte ihn mir, weil ich ihr aufs beste nach meinen kräften beistand."

Sobald Tien-sche dies hörte, geriet sie ausser sich vor zorn, erklärte die frau für ein wesen ohne scham und tugend und mitten im ausbruch ihrer schmähungen sagte sie zu ihrem manne: „Es gibt wenige weiber in der welt, so gefühllos wie diese!"

Tschwang-sǎng sprach aufs neue vier zeilen in versen:

„In ihrem leben spricht jede mit tiefster dankbarkeit!
Nach dem tode sehnen sich alle das grab zu fächern!
Ein bild kann dir die bunte haut des tiger und drachen
 zeigen, aber nicht ihren innern bau:
Die kenntnis des menschlichen antlitzes ist nicht die
 kenntnis des herzens."

Tien-sche wurde darüber sehr aufgebracht. Von alters her ist gesagt worden: „murren verkleinert die zuneigung und ärger vergisst die förmlichkeiten", und so achtete Tien-sche in ihrem leidenschaftlichen sprechen nicht die personen, sondern schäumte auf und rief: „Die männer sind alle gleich und kein unterschied zwischen weisen und toren! wie kannst du so leichtfertig reden und auf alle weiber herabsehen, als hätten sie alle ein und dieselben grundsätze? Siehe! für eine ohne tugend giebt es viele andre mit vortrefflichen grundsätzen. Bist du dir selbst keines fehlers und irrtums bewusst?"

Er antwortete: „Ich will nicht in den wind sprechen, noch mich auf sinnloses geplauder einlassen; sollte aber das unglück wollen, dass ich stürbe; würdest du, deren schönheit den blumen und edelsteinen gleicht, nach meinem tode drei oder fünf jahre warten, bis du wieder heiratetest?"

— „Ein getreuer minister", entgegnete sie, „dient nicht zwei fürsten, und ein keusches weib heiratet niemals zum zweiten male; wann hat man eine tugendsame frau ihren thee in zwei häusern trinken oder in den betten zweier familien schlafen sehen? Sollte das unglück jenes traurige loos über mich verhängen, sprich nicht von ein paar jahren, denn ich werde mein ganzes lebenlang witwe bleiben und selbst in meinen träumen nur an dich denken."

— „Du versprichst unmögliches", sagte er.

— „Du denkst", rief Tien-sche aufgebracht, „dass wir frauen ganz wie ihr männer wären, ohne tugend und ohne gerechtigkeit; ist ein weib todt, so schaut ihr euch nach einem andern um; dieser gebt ihr den scheidebrief und nehmt jene; das einzige was zu eurer entschuldigung gesagt werden kann, ist, dass die eine eben so vortrefflich ist wie die andere; aber ihr solltet bedenken, dass wir frauen immer nur für einen passen, wie ein sattel nur für ein pferd." Und Tschwang-săng sich nähernd, riss sie ihm den fächer aus der hand und zerbrach ihn in stücken.

— „Du hattest nicht nötig", sagte er, „so leidenschaftlich zu werden; ich wünschte nur, du wärest so gut wie du beteuerst."

Er sagte weiter nichts, aber einige tage nachher wurde er plötzlich krank. Die krankheit nahm mehr und mehr zu und wurde bedenklich. Tien-sche seufzte und weinte zu häupten seines bettes.

— „Meine krankheit geht mit reissenden schritten vorwärts und ich muss lebewol für immer sagen. Bald wirst du bedauern, den fächer zerbrochen zu haben; wäre er ganz geblieben, so hättest du ihn sehr gut gebrauchen können, mein grab zu fächern."

— „Oh, meister", antwortete sie, „ich bitte dich, sprich nicht davon. Ich habe die gebräuche studiert und kenne sie: „einem gatten sollst du folgen und nicht mehr", und ich schwöre, dass ich nicht anders gesinnt bin. Wenn du mir nicht glaubst, so will ich vor deinen augen sterben, um dir meines herzens aufrichtigkeit zu zeigen."

— „Es ist genug", sagte Tschwang-sǎng, „ich sterbe — meine augen werden dunkel." Als er diesen satz beendet, hörte sein atem auf.

Tien-sche berührte den körper mit der hand, brach in laute wehklage aus und bat die nachbarn umher, ein leichentuch zu bereiten, und einen sarg, ihn zu begraben. In tiefe trauer gekleidet war Tien-sche mehrere morgen in aufrichtigem leide, weinte die ganze nacht, und dachte beständig an die zuneigung ihres gatten, an seine freundlichkeit während seiner lebenszeit. Sie vernachlässigte schlafen, essen und trinken, als wenn sie krank oder vergiftet wäre.

Als es bekannt wurde, dass Tschwang-săng ein zurückgezogener gelehrter gewesen, der seinen namen der welt verhalten, kamen die anwohner des hügels, durch ihren besuch ihr beileid und ehrerbietung zu bezeugen; so dass der platz so belebt wie ein markt war.

Am neunten tage langte unerwartet ein junger und eleganter student an, dessen antlitz wie ein bild war und seine lippen als wenn sie mit drachenblut gefärbt wären, unvergleichlich schön! Es war ein ausserordentlich feiner junger mann; nach der mode gekleidet, in farbigen nankingewändern, mit einem schwarzen barett, gestickten gürtel und scharlachschuhen. Er brachte einen alten diener mit und gab sich für Wangsien aus, den grossohn des königs von Tsu.

Er hätte im letzten jahre Tschwang-säng kennen gelernt und wünschte von ihm unterrichtet zu werden und sei gerade jetzt gekommen, um ihn zu besuchen; nun da er ihn todt fände, könnte er nur seinen schmerz bezeugen und so schnell wie möglich seine bunten kleider ablegen. Er befahl alsdann seinem alten diener, die trauerkleider aus dem mantelsack zu nehmen, und als er sie angezogen, verbeugte er sich viermal vor dem todten körper und sagte: „O Tschwangsäng, missgünstig war mir das schicksal, dass ich dich nicht von angesicht zu angesicht gesehen und deine unterweisung empfangen habe! Hundert tage will ich trauern für meinen meister, die gefühle meiner innigen freundschaft ausströmend." Er verbeugte sich wieder viermal, vergoss einige thränen und verlangte Tien-sche zu sehen. Sie lehnte es anfangs ab ihn zu empfangen, aber der prinz liess ihr sagen: „Den alten gebräuchen zufolge wären gattinnen und geliebte von genauen freunden nicht gewohnt, sich zurückzuziehen. Ueberdies habe er im verwandtschaftsverhältnis zu dem verstorbenen gestanden als sein schüler."

Da kam Tien-sche aus dem innern des hauses in die halle, in welcher der todte lag, um die höflichkeiten des prinzen entgegenzunehmen, und nachdem sie dieselben erwidert, warf sie einen verstohlenen blick auf ihn, und da er sehr schön von gestalt war, so ging es ihr durch und durch und sie wurde von liebe zu ihm ergriffen. Sie bedauerte, dass sie keinen diener habe, um ihn ins haus zu führen.

— „Obwohl mein meister dahin ist", sagte er, „kann ich nicht aufhören an seine freundlichkeit zu denken und ich bitte um die erlaubnis, eine zeit lang hier als gast unter deinem dache verweilen zu dürfen, erstlich um an den leichenfeierlichkeiten meines meisters teil zu nehmen und sodann um zu sehen, ob er einige schriften hinterlassen hat. Sein schüler bittet um die gunst, einen blick darauf zu werfen, um seiner letzten lehren teilhaftig zu werden."

— „Wo kann nicht die gerechtigkeit eines vertrauten freundes auch für lange zeit wohnen?" sagte Tien-sche.

Sie bereitete alsdann das mahl und ihre beiderseitigen seufzer verschmolzen mit einander. Nach dem essen nahm Tien-sche die bücher ihres verstorbenen gemahls, das Nanhwa-king, den klassiker des südlichen blumenhügels, und das Tao-tĭh-king, das buch von dem pfade und der tugend und überreichte sie freigebig dem prinzen. Wang-sien wiederholte ihr seinen dank und suchte dann in der strohgedeckten halle einen platz für die gedächtnistafel des todten aus. Schweigend verbeugte er sich an der linken seite des todtenbettes. Täglich kam Tien-sche an die seite des todtenbettes, unter dem vorwand hier den verstorbnen zu bejammern, in wahrheit aber, um sich mit Wang-sien zu unterhalten. Täglich wurde ihre liebe stärker; ihre blicke kamen und gingen, und ihre gefühle konnte sie nicht mehr unterdrücken. Er war freilich nur halb, sie aber vollständig bezaubert. Hätte sie in dieser einsamkeit einen fehltritt begangen, kein ärgernis noch gerede wäre zu befürchten gewesen, da ihr gatte eben in den sarg gelegt war; indessen wenn ein weib einem manne zugetan ist, so ist es ihr unmöglich, ihm ein wort davon zu sagen.

Nachdem sie sich einige tage im zaum gehalten — es war noch nicht ein halber monat — konnte diese frau ihr herz nicht bändigen gleich einer äffin, und ihre empfindungen nicht niederhalten, wie ein hund oder ein pferd. Heimlich rief sie den alten diener des prinzen in ihr zimmer, gab ihm guten wein zu trinken, machte ihn durch schmeichelhafte worte geschmeidig und fragte endlich voll höflichkeit:

— „Ist euer herr verheiratet oder nicht?"

— „Er ist noch nie verheiratet gewesen", sagte der alte mann.

— „Hat euer herr schon jemand gewählt, den er heiraten will?" fragte Tien-sche weiter.

— Der alte, welcher schon fast betrunken war, sagte: „Mein herr hat erklärt, dass wenn er eine so berühmte schönheit bekommen könnte wie ihr seid, erhabne frau, so wären alle seine wünsche erfüllt."

— „Ist es wahrheit, dass er das sagte", rief die witwe voll ungeduld, „oder willst du mich betrügen?"

— „Ein alter Chinese wie ich", sagte der diener, „der zu hohen jahren gekommen, würde nicht wagen lügen zu erzählen."

— „Ich möchte dich als zwischenträger gebrauchen", sagte die witwe, „willst du es auf dich nehmen, und meine verheiratung mit deinem herrn zu stande bringen?"

— „Er hat die sache schon mit mir besprochen", versetzte der alte diener, „und erklärte es für eine ausgezeichnete verbindung, nur macht ihn das verwandtschaftsverhältnis zwischen meister und schüler bedenklich und er fürchtet den tadel der welt."

— „Aber euer herr hatte ja eigentlich gar keinen verkehr mit meinem verstorbenen gemahl, noch hörte er persönlich seinen unterweisungen zu: es wird daher die verwandtschaft zwischen meister und schüler nicht verletzen; übrigens ist der hügel sehr abgelegen, das wohnhaus einsam, die benachbarten landhäuser entfernt, niemand ist da, seine bemerkungen zu machen. Du musst über diese schwierigkeiten weggehen. Inzwischen bitte ich dich, diesem fröhlichen weine zuzusprechen."

Der alte diener liess es sich nicht zweimal sagen und als er im begriff war zu gehen, rief sie ihn wieder zurück und sagte:

— „Sollte er einwilligen, so frage nicht darnach ob es tag oder nacht ist, sondern komm sofort in mein zimmer und bringe mir die kunde, davon: voll angst und aufregung werde ich dich hier erwarten."

Als er fortgegangen war, ging sie zu dem orte wo der leichnam lag und rang ihre hände voll bangen, dass es ihr nicht gelingen möchte mit dem roten faden den schönen fuss des jungen mannes zu binden, sie vermochte nicht sich zur ruhe zu begeben und stand in der einsamkeit unerträgliche angst aus. In der dämmerung der nacht ging sie wieder in die sterbekammer und vernahm atemzüge an der linken seite des todtenlagers, welchen ein echo von dem kopfende des sarges antwortete. Sie fuhr zitternd vor furcht zurück und rief aus:

— „Es ist der abgeschiedene geist, der wieder zum vorschein kommt!" zog sich hastig in ihre kammer zurück und nahm eine lampe, um nachzusehen. Da war es aber der alte diener, der im rausche am tisch neben dem bette des todten eingeschlafen war: aber sie wagte ihn nicht zur rede zu stellen oder aufzuwecken, sondern kehrte still in ihre kammer zurück und die nachtwachen und die minuten zählend verbrachte sie den rest dieser nacht.

Am nächsten morgen sah sie zwar den alten diener draussen auf und abgehen, aber nicht zu ihr kommen, um ihr die antwort auf ihre anträge zu bringen. Sie fühlte die äusserste ungeduld und rief ihn herein ins zimmer.

— „Es kann nicht sein! es kann nicht sein!" sagte der mann.

— „Warum nicht?" fragte sie, „war es nicht deutlich genug, was ich euch gestern abend erklärte?"

— „Ich sagte ihm alles", erwiderte der alte mann, „und was mein herr darauf sagte, war sehr richtig. Er meinte, an eurer schönheit und eigenschaften wäre nichts auszusetzen, und weil er noch nicht die unterweisungen eures gemahls als seines meisters empfangen, so erhöbe sich auch daraus keine schwierigkeit; aber es sind drei ungünstige umstände vorhanden, die ich euch bekannt machen muss."

— „Welches sind sie?" sagte sie atemlos vor aufregung.

— „Zu allererst", antwortete der alte diener, „sagte mein herr folgendes: ‚als ich hier erschien, stand der leichnam in der halle, wo er noch steht, ich fürchte, dass, wenn ich mitten in der trauerzeit mit ihr zur ehe schritte, wir weder herzliches glück, noch vergnügen geniessen würden; zweitens haben sie in glücklicher ehe gelebt, und da er zudem ein berühmter weiser der Tao-sekte war, meine gelehrsamkeit aber sicherlich der seinigen nicht gleichkommt, so bin ich bange, der verachtung ausgesetzt zu sein; drittens ist mein gepäck zurück und noch nicht in meine hand gekommen, womit sollte ich die kosten der hochzeitsgaben und feste bestreiten? und niemand ist hier, von dem ich leihen könnte' — das sind die drei gründe, aus denen die verbindung nicht zu stande kommen kann."

— „Aus diesen drei umständen", antwortete Tien-sche, „erwachsen nicht die mindesten schwierigkeiten: ein todter körper ist nicht die quelle des lebens, hinter dem hause ist ein kleiner stall, ich kann ihn durch einige leute dorthin tragen lassen — und so wäre ein hindernis gehoben; fürs zweite, so mag mein verstorbener mann ein berühmter weiser der Taosekte gewesen sein: aber in seinen handlungen war er nicht durchaus zuverlässig, denn er liess es sich einfallen, sich von seinem vorigen weibe zu scheiden; mögen andere seine leere tugend preisen und der könig von Tao seinen hohlen namen begehren, der ihm grosse geschenke schickte, um ihn zum minister zu gewinnen, er aber war sich seiner schwachen kräfte und geringen talente bewusst und nahm hierher seine zuflucht. Vor einigen monaten, als er unter dem hügel umherstreifte, begegnete er einer frau mit einem fächer, welche ein grab fächerte und wartete bis es trocken war, um wieder zu heiraten. Der narr sprach und scherzte mit ihr, nahm ihren fächer und fächerte selbst für sie das grab und kehrte dann mit dem fächer nach hause, wo ich ihn nahm und in stücke schlug. Deswegen brach er einige tage später, als er auf dem todtenbette lag, in einen wahren strom von schmähungen gegen mich aus. Wo war seine zuneigung? Er kann sich mit der jugend und ausgezeichneten gelehrsamkeit eures herrn nicht messen, der den rang eines königsgrossohns hat, während ich die tochter Tien-tsungs bin. Unser stand ist gleich. Dass er grade jetzt hier angekommen, ist ein ereignis, das der himmel selbst eintreten liess, weil er unsere verbindung gewollt hat. Was endlich drittens die ausgaben für die brautgeschenke und die hochzeitsfestlichkeit anlangt, so bin ich die herrin des hauses; niemand ist vorhanden, der eine morgengabe fordern könnte. Noch weniger kommen die kosten der hochzeit in betracht: ich werde sie sogleich herbeischaffen. In meinem privatzimmer liegen zwanzig unzen silber, ich werde sie deinem herrn geben, um sich neue kleider dafür anzuschaffen. Geh wieder hin und sag ihm, dass es jetzt zeit sei, wenn er die ehe zu vollziehen wünsche — heute abend ist die günstige stunde dazu."

Der alte diener nahm die zwanzig unzen silber und kehrte zu dem prinzen zurück, dem nun nichts anderes übrig blieb, als seine einwilligung zu erklären. Der alte brachte der frau diese antwort zurück, und sie war so selig wie der himmel und so glücklich wie die erde. Sie warf ihre trauerkleider ab und nahm ihre vergnügte miene wieder an, ihren lippen gab sie ihr rot zurück, und in neue bunte gewänder gekleidet bat sie den alten diener, einige männer herbeizurufen, die in der nähe des hügels wohnten, um die leiche ihres verstorbnen mannes in die verfallene hütte hinter dem hause zu tragen, die halle zu reinigen und das hochzeitsfest zu bereiten. Eine ode bezeugt:

Der schöne jüngling und die witwe haben verschiedene anziehungskraft
Und Wang-sien, der seinen entschluss ändert, ist gleichfalls wankelmüthig,
Wer spricht von Einem sattel für Ein pferd?
Am abend ist der einzige gedanke an den eingeladenen bräutigam!

Zur nacht richtete sie das brautgemach her und ordnete in der halle die lichter und kerzen. Der prinz hatte seinen knopf und schärpe angelegt, und beinkleider; die braut hatte ein gesticktes untergewand und beinkleider an. So stand das paar mitten unter blumen und kerzen, schimmernd wie edelstein und gold, ihre schönheit kann nicht beschrieben werden. Als die ceremonien vorbei waren, nahm jeder aufs zärtlichste die hand des andern und sie traten in die brautkammer ein und waren im begriff sich zurückzuziehn, um zur ruhe zu gehen.

In diesem augenblick sträubten sich des prinzen

augenbrauen plötzlich nach aufwärts; er konnte sich keinen zoll weit bewegen; wollte er sich aufrichten, so fiel er wieder nieder; und die hände auf seine brust gepresst konnte er nur sagen, dass sein herz ihn unerträglich schmerze. Tien-sche, welche den prinzen wirklich liebte, war tödtlich erschrocken über diesen zufall, sie ging auf ihn zu, umarmte ihn und rieb ihn mit ihren händen. Er war unfähig zu sprechen, speichel schäumte aus seinem munde und er schien plötzlich sein bewusstsein zu verlieren. Eiligst erschien der alte diener.

— „Hat er je in seinem leben schon solche anfälle gehabt?" sagte Tien-sche.

— „Ja", sagte der alte diener, „vielleicht einmal in zwei oder drei jahren — keine medicin vermag sie irgend zu heilen; nur ein ding in der welt kann ihn wieder gesund machen."

— „Was gebrauchst du? sprich!" forschte sie inständig.

— „Der arzt", antwortete er, „verschrieb ein aussergewöhnliches mittel; das mark aus dem hirn eines lebendigen mannes muss genommen und in wein gekocht werden. Wenn er das verschluckt, so hört das übel auf. Als er zuerst von dieser krankheit heimgesucht wurde, hat sein fürstlicher vater, der könig von

Tsu, einen verbrecher im gefängnis tödten und sein gehirn ausnehmen lassen; aber wie kann er hier in den bergen so geheilt werden?"

— „Das gehirn eines lebendigen kann ich ihm freilich nicht verschaffen", sagte Tien-sche, „aber wird das eines todten mannes nicht den selben dienst tun?"

— „Der arzt erklärte", versetzte der alte diener, „dass wenn jemand noch nicht neun und vierzig tage todt gewesen und sein gehirn noch nicht vertrocknet oder verfault ist, so kann man auch von diesem gebrauch machen."

— „Mein mann", sagte die witwe, „ist erst zwanzig tage todt, könnten wir nicht den sarg aufbrechen und sein gehirn nehmen?"

— „Ich besorge nur", antwortete er, „dass ihr das nicht gern tun werdet."

— „Ich und der prinz", nahm sie das wort, „sind mann und weib — eine frau dient ihrem gatten mit ihrem leibe, und wenn sie dabei selbst ihres lebens nicht schont, wie kann es unrecht sein, von dem körper des todten gebrauch zu machen?"

Sie befahl ihm alsdann, des prinzen zu warten, während sie nach einem beile suchte. Sie fand es, und das beil in ihrer rechten hand, die lampe in der linken ging sie in das hinterhaus, setzte die lampe oberhalb des sarges nieder und streifte sich die ärmel auf. Mit beiden händen erhob sie die waffe und den festen blick auf das kopfende des sarges gerichtet, die zähne zusammenbeissend, und ihre kräfte sammelnd, liess sie das eisen mit voller gewalt niederfallen. Aber wie schwer war es für die schwache ungeübte kraft eines weibes einen sarg aufzubrechen! Tschwang-săng hatte ihr indess bei lebzeiten befohlen, ihm nur einen billigen sarg zu geben, und so war der deckel nach einunddreissig schlägen zertrümmert und durch noch einige mehr wurde die wohnung des todes vollends gewaltsam geöffnet.

Als sie noch keuchend und atemlos dastand, bemerkte sie, dass Tschwang-săng im sarge einen leisen seufzer ausstiess, den deckel ganz wegschob und zu ihrem erstaunen sich aufrecht hinsetzte. Obwol sie entschlossenen charakters war, kam doch weibische furcht über sie; ihre kniee schlotterten, ihr herz glich einer umsinkenden lampe und verwirrt ergriff sie die flucht. Ohne daran zu denken, liess sie das beil hart zu boden fallen und Tschwang-săng rief: „Hilf mir auf, frau!" Sie konnte nicht umhin ihm aus dem sarg zu helfen und er trug das licht, während sie folgte und mit ihm in die kammer trat. Da sie aber wusste, dass der prinz und sein diener darin waren, so machte sie für einen schritt vorwärts immer zwei zurück.

Als sie indessen eintraten und sie eine erklärung geben wollte, waren der prinz und sein diener nirgends zu sehn. Obwol erstaunt, warf sie alle furcht hinweg und sagte listig zu Tschwangsăng:

— „Nach eurem tode verfiel ich in nachdenken tag und nacht, und da ich ein geräusch in eurem sarge hörte, so begann ich an die geschichten aus alter zeit von denen zu denken, deren seele wiedergekehrt ist; und da ich erwartete dass auch ihr zum leben zurückkehren würdet, so nahm ich das beil und brach euern sarg auf. Ich muss sagen, das glück hat mich besonders begünstigt! es ist wirklich so gekommen: himmel und erde sei gepriesen!"

— „Besten dank, frau," sagte ihr gemahl, „für deine zarte rücksicht, aber etwas kommt mir sonderbar vor. Wie geht es zu, dass du diese gestickten ärmel und beinkleider trägst, da du doch in trauer bist?"

— „Da ich den sarg öffnen wollte," sagte sie, „um eine glückseligkeit zu erblicken, so durfte ich keine farbe von böser vorbedeutung an mir haben und ich legte daher diese gestickten kleider an als ein freudiges vorzeichen."

— „Sehr gut," sagte Tschwang-săng, „aber es ist noch etwas. Wie kommt es, dass mein sarg sich nicht in dem schlafraum befand, sondern in eine verfallene scheune geworfen war? ist das ein glückliches vorzeichen?"

Sie hatte kein wort darauf zu erwidern.

Tschwang-săng warf auch einen blick auf die gläser und den wein, aber er frug sie nicht darüber. Er bat sie nur ihm etwas wein zum trinken zu wärmen.

Er entkorkte eine grosse flasche und trank mehrere becher, während die frau noch nicht durchaus darüber beruhigt war wie die sachen stünden, aber doch hoffte, dass der alte herr sie wieder zu seinem weibe annehmen würde. Ehrerbietig reichte sie ihm den wein und bot all ihre kunst und anstelligkeit auf, mit süssen worten und holden reden, ihn zu betören, dass er sich zur ruhe lege. Er aber wurde immer trunkener und schrieb diese vier verse auf ein blatt weisses papier nieder:

Vormals warst du eine feindin, tag für tag für mich
besorgt und beschäftigt,
In der zeit liebte ich dich, du hast nicht desgleichen getan.

*Wollte ich wieder mit dir leben, wie ein mann mit
  seinem weibe,
So würde ich befürchten, dass dein beil den deckel
  meiner seele einschlägt!*

Als sie diese vier zeilen erblickte, wurde ihr gesicht rot von scham übergossen, das wort erstickte ihr in der kehle und sie blieb sprachlos. Er schrieb weiter diese vier verse nieder:

*Welche liebe haben gatte und gattin zu einander, die
  zusammen geschlafen haben hundert nächte?
Sobald sie ein neues gesicht erblicken, vergessen sie das
  alte,
Und können mit eigner hand das beil ergreifen um
  den sargdeckel zu öffnen.
Wie können sie warten bis das grab trocken ist?*

— „Ich will dich die beiden sehen lassen," sagte er, und er reckte seinen finger aus und seine frau sah Wang-sien und den alten diener im begriff einzutreten. Sie geriet in schrecken und wandte sich ab, sie nicht zu sehen; da bewegte Tschwang-săng sein haupt im kreise und Wang-sien und der diener verschwanden. Wie ging das zu? Tschwang-săng wusste das geheimnis sein wesen in zwei zu teilen, er verstand die kunst, den körper und sein schattenbild zu trennen.

Da erkannte die frau, dass sie keine möglichkeit mehr zu entrinnen hatte. Ausser sich vor aufregung riss sie ihren gestickten gürtel vom leibe, knüpfte ihn an einen balken und hängte sich selbst. In einem augenblick gab sie den geist auf. Dies war ein wirklicher tod und Tschwang-săng als er sah, dass sie völlig todt war, schnitt er sie ab und warf sie in· den eingeschlagenen sarg. Dann sang er, auf den sarg gelehnt, mit der thönernen flöte seinen gesang begleitend:

Das grosse nichts hat keine gefühle — es brachte mich und dich hervor.
Wäre ich nicht ihr gatte gewesen, wie hätte sie mein weib gewesen sein können?
Durch blossen zufall sind wir uns begegnet, der zusammenhang unsres lebens ist zu ende.
Es ist kein verdienst der menschen vereinigt oder getrennt zu werden.
Wenn die herzen durch das leben oder den tod gerührt werden, dann erscheint das gefühl in wahrer aufrichtigkeit.
Ohne den tod was würde sich ereignet haben?
Als sie geboren ward, hat die geheimnisvolle auswahl sie ausgewählt; da sie starb, kehrt sie in das leere zurück.
Sie wollte meinen tod beweinen und schwang ein breites beil über mir.

Ich will über ihren tod trauern und sie mit einem liede besänftigen.

Als das geräusch des beiles begann, kehrte ich zum leben zurück; wenn das lied zu ende ist, wird sie es merken.

Weh! weh! Ich zerbreche diese thönerne flöte, denn ich werde nicht mehr auf ihr spielen.

Was ist sie? wer bin ich?

Als dies lied zu ende war, sang er aufs neue diese vier verse:

Da du gestorben, muss ich mich verbergen;
Als ich todt war, musstest du freien.
Wäre ich wirklich todt gewesen,
So würde gelächter den mund des volks geöffnet haben.

Tschwang-säng brach hier in lachen aus; er zerschmetterte die thönerne flöte, nahm feuer aus der strohgedeckten halle, steckte das haus in brand und verbrannte den sarg zu asche. Das Tao-tĭh-king, oder das buch vom pfade der tugend, und das Nan-hwa-king oder das buch der südlichen blumen waren die einzigen dinge, die nicht von den flammen verzehrt wurden und einige leute aus den bergen bewahrten sie auf und so gingen sie von hand zu hand bis auf die gegenwärtige zeit.

Tschwang-săng wanderte nach dem westen und heiratete nicht mehr.

Einige sagen, dass er Lao-tze am Dju-kŭhkwan getroffen habe, und dann gestorben und nachdem er das grosse Tao erlangt in einen geist verwandelt worden sei.

Wu-ke, der sein weib getödtet, war ohne weisheit,
Und Kau-ling, der die abgeschiedenen beleidigt, wird
mit recht verachtet:
Aber siehe Tschwang-săng an! Spielend auf einer thönernen flöte,
Und dahin wandernd ohne sünde, er sei euer vorbild!

DIE WANDERUNG DER NOVELLE

VON DER

TREULOSEN WITWE

DURCH DIE WELTLITERATUR.

AS Friedrich Schlegel im anfange dieses jahrhunderts zu Paris, wie berauscht von der entdeckung einer neuen welt, ausrief: im Sanskrit ist eigentlich die quelle aller sprachen und aller gedanken und gedichte des menschlichen geistes; alles, alles stammt aus Indien, ohne ausnahme — das hat seitdem die besonnene forschung schritt für schritt auf das vielseitigste bestätigt. Die arischen stämme haben sich auf ihre urheimat besonnen, über den erinnerungen ihrer kinderjahre gegrübelt und mit der vorwelt die nachwelt, mit der nachwelt die vorwelt beleuchtet.

Die märchen, welche seit jahrhunderten den kindern des occidents erzählt wurden, wir wissen jetzt, dass die ahnen sie mitgebracht vom Hindukusch, wie Alexander die gesänge Homers in jenem kostbaren kästchen mit sich führte. Die novellen, die in allen zungen des mittelalters umgingen, ihr grundmotiv hat meist nur einen ursprung: im gemüte des ersten volksdichters im lande der Arya.

Die zurückführung des vielfältigen auf seine einheit, dieser darwinismus der literaturgeschichte, darf indess die besonderheit der einzelnen species nicht verwischen; neben der ureinheit der völker darf das nationalitätsprincip in der geschichtlichen entwicklung nicht verkannt werden. Die literaturgeschichte, diejenige, welche von einem höheren standpunkte aus in grossem überblick die weltpoesie betrachten will, muss daher vergleichend sein, muss jedes dichtungswerk in seiner nationalen eigentümlichkeit aufzufassen suchen.

Zu einem detailversuche in diesem sinne bietet sich die auf den vorstehenden blättern in einer ihrer ältesten und originellsten fassungen mitgeteilte novelle von der treulosen witwe wie von selber dar. Denn fast alle nationen haben diesen eminent socialen stoff bearbeitet, und so lernen wir aus ihren verschiedenen gestaltungen den geist ebenso vieler literaturen kennen.

In den Apenninen, montag den 13. *mai* 1872.

Die vorliegende novelle gibt sich, trotz weltweiter verschiedenheit, doch als zu der klasse gehörig zu erkennen, welche man heutzutage als ehebruchsromane zu bezeichnen und zu verurteilen liebt.

Mir scheinen zu jenen novellen, in denen die herzensgeschichte bis zur ehe geführt wird und in dieser ihren alles versöhnenden schluss findet, die romane das ganz notwendige complement zu bilden, welche erzählen was denn nun aus jenen glücklich verheirateten paaren wird; welche die neuen irrungen, leidenschaften, kämpfe und siege schildern, die da erst anheben, wo jene ersten geschichten befriedigt schliessen: erst aus beiden novellenarten zusammen kann ein vollständiges weltbild entstehen.

So gewiss aber die ehe die moralische grundlage der gesellschaft ist, so wird der tiefere ethische geist auch in diesen ehebruchsromanen der heiligen idee der ehe am ende zum triumphe verhelfen; ja, er wird die feder zu seinem werke nur deshalb ansetzen, um, indem er die irrwege beleuchtet, den königspfad der tugend zu weisen, wie es unsern chinesischen novellisten im eingange ausdrücklich zu sagen drängt. In der weiteren entwicklung dieser speciellen gattung der novellenliteratur finden wir freilich, dass die italienischen und französischen novellisten diese ethische tendenz vielfach verleugnet haben; wofür aber der grösste spanische poet sie um so glänzender betont und durchgeführt hat. Was nämlich dem naiven Boccaz und auch selbst dem freilich unendlich viel ernsteren Antoine de la Sale abgeht, das tiefe gefühl für die heiligkeit der ehe und der familienbande, diese grundlagen eines gesunden politischen lebens, — das spricht aus jeder seite der Cervantes'schen novellen. Keineswegs aber, dass er, der tiefe kenner des menschlichen lebens und seiner tausend irr- und abwege, diese mit falschem, idealismus verhüllt und seine helden mit der langweiligen glorie einer abstracten schönheit und sittlichkeit umkleidet, hätte; nein! seine menschen sind alle dem wirklichen leben entnommen und ihre geschicke mit jenem fast herben realismus geschildert, der die edleren bilder der niederländischen schule auszeichnet. Die weltbedeutsamkeit dieser bilder, die anschaulich symbolische repräsentation der ideen durch sie — das ist der idealismus des Cervantes. Antoine de la Sale entwarf in den XV joies mit feinster kenntniss und rücksichtslosester kühnheit das schatten- und nachtbild der ehe, wie es ihm bei seinen landsleuten entgegengetreten war, er schrieb ein martyrologium der ehemänner; unvergesslich prägt sich dem gemüt des lesers der düsterpoetische refrain seiner XV capitel ein: ainsi est entré dans la nasse et y demoura toujours et finira miserablement ses jours. Seine C nouvelles nouvelles sind wie das Boccacische decameron eine ergänzende mustersammlung angewandter fälle zu jenem hohen liede der ehefreuden, sie erzählen uns die tausend capriccios, launen, tollheiten, verbrechen, schwänke, leiden und verzweiflungen des „genius der gattung", um Schopenhauers ausdruck zu gebrauchen.*) — Cervantes auf der andren seite lädt

---

*) Eine getreue übersetzung der XV joyes de Mariage, die erste deutsche, mit einem gelehrten, reichhaltigen commentar, — ein treffliches pendant zu dem vielbewunderten, alle den la Sale weit überbietenden skabrositäten des originals wiedergebenden Regis'schen Rabelais — wollte im februar 1872 zu Berlin erscheinen, als die presspolizei die auflage saisiren liess. Gegenwärtig werden die Criminalrichter des berliner stadtgerichts über die sittlichkeit des alten schönen naiven buchs, dieses durch alle jahrhunderte berühmten meisterwerks, eines französischen classikers befinden, der noch kurz zuvor erst von der deutschen wissenschaft in einem ausgezeichneten aufsatze glänzend gewürdigt war. (Von Ludwig Stern in Herrigs Archiv für neuere sprachen XLVI, p. 113—218.)

uns gleichsam zur hochzeit eines durch das leben gereiften paares ein: ein so warmer sonnenschein ernstheitrer wirklicher ehefreuden liegt über seinen glücklich vereinten ausgebreitet. Er scheint über die brausenden wasserfälle der jugendleidenschaften hinaus, in vollem klaren strome befriedigt dahinzufliessen. Seine erhabene sittlichkeit scheint von all den leiden nichts zu wissen, welche nach dem glücklichen schlusse der ehe und der novelle bei Antoine de la Sale erst anfangen. Oder vielmehr, er wusste es sehr gut, aber er wusste auch, dass es dennoch auf erden auch wahrhaft reine und glückliche ehen gebe und es war sein vorhaben, nur auf diese das augenmerk seiner darstellung zu richten, um seine mitbürger durch die sanfte überredung der kunst zu diesem ziele hinzuleiten. Dass dies seine absicht war, spricht er, wie der chinesische novellist, ausdrücklich im vorwort der Novelas ejemplares aus. — Aber die vollständigkeit der dichtung, dieses spiegels der welt, will, dass neben dem Cervantes auch Boccaz und La Sale ihr recht und ihren ehrenplatz finden.

Das gemeinsam auszeichnende jener alten romanciers ist aber unserer chinesischen novelle eigen, der selbe treue künstlerische realismus bis ins kleinste detail der dinge, der selbe keusche einfache stil; mit dem Cervantes allein gemein ist ihr das innige familien- und pietätsgefühl, der hohe ethische geist, der über dem ganzen weht aber doch den buddhistischen inspirationen gemäss mehr eine abwendung von dem leben überhaupt predigt, während die novellen des Cervantes ganz und voll diesem leben angehören und nur aus dem Don Quixote wie ein ferner leiser rührender klang die nichtigkeit aller menschlichen bestrebungen, leiden und freuden heraustönt.

Es ist nur ein schriftsteller, welcher den La Sale und Cervantes wunderbar vereinend, begabt mit jener tiefen intuition, welche in das herz der dinge, der gesellschaft, des herzens selber dringt, und zugleich erfüllt mit allem wissen, das der menschliche geist seit den tagen jener beiden grossen romandichter ersonnen und gefunden — es ist Honoré de Balzac, welcher mit dem tiefen sittlichen ernste des erhabenen Spaniers und zugleich das rücksichtslose secirmesser des La Sale in der hand die sociale geschichte Frankreichs in der ersten hälfte des XIX. jahrhunderts schrieb. Ihm zur seite ging George Sand, an eigentlicher poesie ihm vielleicht überlegen, aber dadurch so viel niedriger als jener stehend, dass sie fortgerissen von dem feurigen strome ihrer subjektivität das sociale problem doch in weiblicher einseitigkeit behandelte. George Sand ist ganz und gar ein umgekehrter La Sale, sie schrieb jenes buch, welches La Sale am ende der XV joies ankündigte: er könnte und wollte nun die leiden der ehefrauen schreiben, welche eben so gross, ja grösser seien, als alle die · der männer, die er soeben geschildert — George Sand hat das getan, ihre romane geben uns das martyrologium der ehefrauen. Ich rede hier nur vom socialen roman, ich spreche daher sowenig von La Petite Fadette, einem objektiven meisterwerk, als ich Walter Scott oder Dickens zur vergleichung heranziehe. Balzac steht hier ganz einzig da. Dieser erstaunliche geist hat weder in der deutschen, noch englischen, noch auch nur in seiner eignen literatur, von Rabelais herab, seines gleichen. Er kann als der vollender des socialen romans gelten, deren erste anfänge und entfaltungen uns in der indisch-chinesischen novelle entgegengetreten sind. Conservativ, katholisch, ein priester der heiligkeit der ehe und darum ihr gegenteil in der wirklichkeit mit den energischen farben der wahrheit in entsetzlicher vielseitigkeit zeichnend, kurz, seiner nation in der Comédie humaine wie Dante in der Divina

Commedia ihr eignes bild vorhaltend — starb er zu anfang des Empires unter der last der gigantischen arbeit seines universellen genies erliegend. Der jüngere Dumas konnte ihn trotz seines grossen talents nicht ersetzen; seit Balzacs tode siechte die blüte der französischen literatur dahin, wie endlich auch der staat selber von dem germanischen anprall zertrümmert wurde. Das deutsche volk scheint in vielem betracht jetzt das erste der welt, aber wir sollen uns doch nicht einbilden, dass wir in der schönen literatur und, um bei dem vorliegenden thema zu bleiben, dass wir in roman und novelle auch nur von ferne mit den romanischen völkern uns messen könnten! Wenn aber uns, die wir zwar den lorber der lyrischen dichtung und des rhytmischen epos errungen, die kunst des Boccaz, La Sale, Cervantes und Balzac beschämt so gut wie Shakespeare, Calderon und Molière, so wollen wir andrerseits nicht vergessen, und dürfen darauf stolz sein, dass der hohe ethische geist, der über der novelle von der treulosen witwe ruht, auch heute noch der unsre ist, noch heute ein Tacitus von uns sagen könnte: Severa illic matrimonia. Und wir erinnern uns gern, dass der geniale französische Romantiker es war, welcher uns die Inder des Abendlandes nannte.

Und so wäre denn, nachdem wir aus langer politischer ohnmacht erwacht sind, zu hoffen, dass dieser altarische geist auch in der literatur neue blüten und früchte zeitige!

Wie sich schon aus dieser aphoristischen literaturbetrachtung ergiebt, muss das gefühl für den socialen wert und die moralische bedeutsamkeit der ehe, für die innigkeit und unverletzlichkeit des ehebandes bei den verschiedenen nationen in sehr verschiedener stärke ausgebildet sein. Die treue bis in den tod, welche sich die jungen gatten zuschwören, ist in der tat sehr verschieden verstanden und bewahrt worden.

Kein volk hat die idee der ehelichen treue tiefer gefühlt, konsequenter durchdacht und zugleich praktisch verwirklicht als das indische. Bei ihm war die treue bis in den tod kein leeres wort, denn die gattin folgte dem gatten in den tod. Aus dem flammenden scheiterhaufen, auf dem die witwe sich freudig neben den leichnam ihres gatten bettete, erhebt sich wie ein phönix die unsterbliche idee der ehe.

Wenn das liebste von uns genommen ist, so verschmäht die seele speise und trank: dieses natürliche gefühl trieben die tiefen, leidenschaftlichen Inder zu seiner höchsten konsequenz und es ergab sich der tod der frau mit dem geliebten. Nicht auch umgekehrt des mannes mit der gattin. Denn die frau geht ganz auf in der liebe und ehe, es ist ihre einzige bestimmung; der mann soll auch den grössten schmerz des lebens überwinden, um sein dasein in krieg, wissenschaft und kunst würdig zu ende zu leben. Die witwe, zumal wenn sie keine kinder zu erziehen hat, ist nutz- und zwecklos auf der welt. Aber nur die edelsten naturen sind solch völliger selbstaufopferung fähig, die gemeineren kinder dieser erde fangen am dritten tage wieder zu essen an und spätestens übers jahr schwören sie einem andern dieselbe ewige treue, die sie einst dem todten geschworen. Die Inder sorgten indess dafür, dass diese niedrigere gesinnung wenigstens nicht die idee der ehe selbst beflecke: das gesetz verbot den witwen wieder zu heiraten. Die selbstverbrennung aber war eine freiwillige und nur die öffentliche meinung strafte mit tiefster verachtung die feigen liebhaberinnen des lebens um jeden preis, welche den tod des gatten zu überleben vermochten. „Die frau, die sich mit verbrennen liess, hiess Satî, die gute. In der kurzen zeit zwischen ihrem entschluss und dessen ausführung wurde sie auf das höchste gefeiert. Ihrer ganzen familie brachte sie ehre." (Theodor Benfey, Indien, in Ersch und Grubers Encyclopädie, 1840.)

Bei den Chinesen kommt zwar die witwenverbrennung nicht vor; allein auch sie haben einen ungemein zarten familiensinn und die pietät zwischen eltern und kindern, wie zwischen den ehegatten tritt in ihrem socialen leben hochbedeutsam hervor. Wie sie den Buddhismus von Indien empfingen, so zeigen sie sich auch in ihrer ansicht von der ehe den Indern nahestehend und wahlverwandt.

Nur noch ein arisches volk, von derselben tiefen idee beseelt, dass die ehe nur einmal geschlossen werde und in wahrheit eine verbindung für leben und tod sei, ist hierin zu derselben tödtlichen konsequenz wie die Inder fortgeschritten: es ist das russische volk. Ralston in seinem eben erschienenen buche The Songs of the Russian people. (London 1872) führt von p. 309—345 todtenlieder auf, die bei der ehemaligen selbstverbrennung der witwen gesungen wurden. Die Russen zeigen noch heute ein viel innigeres familiengefühl, überhaupt viel tieferes gefühl, als irgend eine andere europäische nation.

Aber auch die Germanen haben ihre indische abkunft nicht verleugnet. Den Römer Tacitus verwundert es aufs höchste, welche stellung die frau bei den Germanen einnahm. „Inesse quin etiam sanctum aliquid et providum putant nec aut consilia earum aspernantur aut responsa negligunt." Germania c. 8. Etwas heiliges und ahndungsvolles, weissagendes sähen die Deutschen im weibe und sie horchten auf ihren rat und ihre aussprüche. Die römischen frauen waren dagegen wie die griechischen und orientalischen mehr oder minder nur die obersten haussklavinnen. Nur die starre römische legalität, nicht die innige durchdringung mit der höchsten idee der liebe und ehe hatte die römischen ehen heilig gehalten. Als unter dem kaiserreich jene altrömische rigorosität mehr und mehr in weichlichkeit und üppigkeit unterging, lockerten sich auch die ehebande, und Tacitus hielt daher der sittenlosen hauptstadt das bild der germanischen ehen warnend und strafend vor:

„Severa illic matrimonia, nec ullam morum partem magis laudaveris; nam prope soli barbarorum singulis uxoribus contenti sunt. Dotem non uxor marito, sed uxori maritus offert.... non ad delicias muliebres quaesita nec quibus nova nupta comatur, sed boves et penatum equum et scutum cum framea gladioque ... atque invicem ipsa (näml. uxor) armorum aliquid viro affert.... ne se mulier extra virtutum cogitationes extraque bellorum casus putet, ipsis incipientis matrimonii auspiciis admonetur, venire se laborum periculorumque sociam, idem in pace, idem in proelio passuram ausuramque, hoc juncti boves, hoc paratus equus, hoc data arma denuntiant: sic vivendum, *sic pereundum.*" (Cap. 18. l. c.)

„Paucissima in tam numerosa gente adulteria, quorum poena praesens et maritis permissa: abscisis crinibus, nudatam, coram propinquis expellit domo maritus ac per omnem vicum verbere agit; publicatae enim pudicitiae nulla venia: non formâ, non aetate, non opibus maritum invenerit; nemo enim illic vitia ridet nec corrumpere et corrumpi saeculum vocatur. Melius quidem adhuc eae civitates, in quibus *tantum virgines* nubunt et cum ope votoque uxoris *semel* transigitur: sic unum accipiunt maritum quomodo unum corpus unamque vitam .... plusque ibi boni mores valent quam alibi bonae leges." (c. 19. l. c.)

„Struem rogi nec vestibus nec odoribus cumulant: sua cuique arma quorundam igni et equus adjicitur... Lamenta ac lacrimas cito, dolorem et tristitiam tarde ponunt; feminis lugere honestum est, viris meminisse" (c. 27. 1 c.)

Wir ersehen aus dieser darstellung für unsern zweck vor allen, dass auch bei den Germanen nur die jungfrauen heirateten, also nicht die witwen und noch weniger die geschiedenen, wegen eines fehltritts verstossenen frauen, die weder durch jugend, noch schönheit, noch reichtum einen neuen mann bekamen. Semel transigitur cum voto uxoris: nur einmal wird das ehegelübde ausgesprochen. Wir sehen aber auch, dass die idee der ehe als verbindung für tod und leben von Tacitus betont wird: sic vivendum, sic pereundum. Die frau folgt dem manne in die schlacht und also in den tod.

Von der witwenverbrennung ist freilich keine rede. Nur das treue pferd wird auf dem scheiterhaufen des germanischen kriegers mitverbrannt. „Es lag" sagt Rochholz (Deutscher Glaube und Brauch im Spiegel der heidnischen Vorzeit. Berlin 1867 Band I, 154) „im zwecke der heidnischen todtenbestattung mit dem hingeschiedenen alles ihm werte und eigene mit zu vertilgen und ihm in den tod nachzusenden." So hingen an Siegfrieds und Brünhilds scheiterhaufen zu häupten ihre beizvögel, zwei habichte. In den aufgeschlossenen hünengräbern fand man ausser den waffen, dem pferde und dem stossvogel, auch den treuen hund, der seinem herrn in den tod gefolgt. Ja, die thiere empfinden den tod des geliebten eigners. Die eddische Gudrun erzählt von Grani, dem rosse Sigurds:

Gramvoll ging ich   *mit Grani reden*
befragte das pferd   *mit feuchter wange,*
da senkte Grani   *ins gras das haupt,*
wol wusste der hengst   *sein herr sei todt.*

Und wenn auch nicht von rossen, so ist es doch von hunden beglaubigt, dass sie aus gram um ihren verstorbenen herren freiwillig sich zu tode hungerten. Zweck- und nutzlos scheinen sie sich auf der welt, wenn die geliebte stimme des herrn sie nicht mehr ruft. Diese zweck- und nutzlosigkeit der todten dinge selbst, die beim tode des besitzers sich unwillkürlich und gewaltsam aufdrängt, ist eben der grund, warum die naturvölker all diese gegenstände auf dem scheiterhaufen mit verbrennen oder ins grab mit hinabsenken. Nur dem todten hat das alles gehört, es hat ihm gleichsam treue geschworen und will und soll nicht von ihm lassen. Es ist ein stück von ihm.

Rührend erzählt die legende von jenem hündlein, welches den zum tode geweihten sieben christenbrüdern in die höhle folgte, die die heiden hinter ihnen vermauerten. Das hündlein der Siebenschläfer wird noch heute in der russischen kirche verehrt.

Und wie viel mehr als diese leblosen oder unvernünftigen dinge gehört die gattin dem gatten an! Wie möchte sie sich einem andern, ja überhaupt nur der welt und dem leben wieder zuwenden und hingeben! Wie möchte sie zurückbleiben wenn der gatte in das unbekannte land gegangen, von wo kein wandrer wiederkehrt, wenn der tod die höhle hinter ihm vermauert! Mit dem tode des geliebten muss sie der reinen und strengen idee nach selbst zu leben aufhören.

Was aber die Inder im leben verwirklicht, das stellten die Germanen wenigstens in der göttermythe als leuchtendes symbol hin. Von der Walküre heisst es: „sie wandelt sich, sobald die geläuterte empfindung des menschen nach inhalts- und seelenvolleren göttern verlangt, in eine himmlische schildjungfrau um, die nicht blos im himmel mit den Thursen und riesen zwecklos kämpft, sondern die sich unter den helden des landes einen freund erwählet, ihn als schutzgeist in allen gefahren umschwebt und in seiner letzten unabwendbaren not, auf ihre eigne unsterblichkeit verzichtend, selber den tod mit ihm teilt. Das Germanenweib, das beim ehebündnis das gelübde eingeht mit ihrem manne zu leben und zu sterben, hatte sich in diesem eben entworfenen bilde der himmlischen schildjungfrauen selbst abgezeichnet." (Rochholz II, 290).

Wie schon die Römer und Griechen, so stehen die romanischen völker in einem noch mehr ausgeprägten gegensatz gegen diese indisch-germanische anschauung von der ehelichen treue. Einen der hervorragendsten historischen gründe für diese erscheinung hat Jacob Burckhardt in seiner „Cultur der Renaissance (1860, I. Aufl. p. 440) angegeben, wo er von der italienischen und französischen novellenmoral handelt. „Das recht des gemahls auf die treue der frau hat hier nicht denjenigen festen boden, den es bei den Nordländern durch die poesie und leidenschaft der werbung und des brautstandes gewinnt; nach flüchtigster bekanntschaft, unmittelbar aus dem elterlichen oder klösterlichen gewahrsam tritt die junge frau in die welt, und nun erst bildet sich ihre individualität ungemein schnell aus. Hauptsächlich deshalb ist jenes recht des gatten nur ein sehr bedingtes .. bezieht sich nicht auf das herz."

Nach dieser flüchtigen übersicht über die würdigung der ehe bei den verschiedenen kulturvölkern gehen wir an die betrachtung der verschiedenen redactionen, welche speciell der gegenwärtige kleine eheroman, als spiegel jener nationalanschauungen, im laufe der zeit bei den völkern erfahren hat.

Was zunächst die chinesische redaction der novelle anlangt, so wurde sie zuerst mitgeteilt in dem buche: Description géographique, historique etc. de l'empire de la Chine et de la Tartarie Chinoise. Par le P. J. B. du Halde de la compagnie de Jésus. Nouv. édition à la Haye 1736. Nach der approbation des Jesuitenprovincials dd. Paris 1. avril 1733 zu schliessen wird die erste Pariser ausgabe 1733 erschienen sein. Ich kenne nur den im Haag veranstalteten nachdruck, nach welchem auch eine 1747 zu Rostock herausgekommene deutsche übersetzung gemacht wurde. Die novelle steht im tome III, p. 401—416, ist aber nicht von du Halde selbst, sondern vom pater Dentrecolles ins französische übertragen. Wiederholt wurde sie „avec quelques changements" im Journal Etranger 1755. Ferner in dem buche „Satire de Pétrone. Par le citoyen D*****." Paris 1803. Endlich in den „Contes chinois traduits par MM. Davis, Thoms, le P. Dentrecolles etc. pupliés par Abel Rémusat" Paris 1827. vol. III N^r. 3 „La Matrone du pays de Soung." Der französische Jesuitenmissionär hatte die erzählung aus der chinesischen novellensammlung Kin-ku-ke-kwan, einem in zwölf abschnitte (keuen) zerfallenden buche übersetzt, über dessen abfassungszeit ich nirgend etwas gefunden habe. Nur ergibt sich aus dem vorkommen der berühmten formel „die drei religionen sind eins", dass die novelle jedenfalls erst lange nach der einführung des Buddhismus entstanden ist.

Nach dieser französischen übertragung wird die novelle denn in Dunlops bekanntem werke über die prosadichtungen (aus dem englischen übertragen und vielfach vermehrt und berichtigt von F. Liebrecht Berlin 1851) citirt und bemerkt der deutsche herausgeber dazu p. 523: „In diesen novellen wird auch der leser nicht, wie sonst oft, durch zu häufige anspielungen auf erklärung bedürfende sitten u. s. w. in dem gesammtgenusse des ganzen gehemmt." Ich kann nicht finden, dass dies eben ein lob ist:

grade im roman, der ein spiegelbild nationaler sitte sein soll, müssen, je vollkommner er seiner aufgabe gerecht werden will, um so mehr von jenen tausend fäden nationaler eigentümlichkeit, sitte, sittlichkeit und unsittlichkeit eingewebt sein, welche wieder bei jedem volke bis zur gegenseitigen unverständlichkeit verschieden sein können. Jenes zweifelhafte lob rührt nun aber im gegenwärtigen falle nur von der beschaffenheit der französischen übersetzung her, die Dunlop-Liebrecht allein kannte.

Zum glück haben wir aber seitdem eine neue wiedergabe dieser wegen ihrer schicksale wie ihres wertes vorzüglichsten novelle des Kin-ku-ke-kwan erhalten, welche ein ungenannter Engländer im Asiatic Journal von 1840 unter dem Titel „The impatient widow" veröffentlichte. Auch ohne kenntnis des chinesischen urtextes ergibt eine vergleichung des Franzosen mit dem Engländer sofort, dass jener nur eine glatte, lückenhafte, grade das nationale gepräge verwischende paraphrase; dieser offenbar eine treue, fast interlineare übersetzung gegeben hat, wie er das in dem kurzen einleitenden bericht auch ausdrücklich versichert. Der Franzose hat sich hier dem chinesischen autor gegenüber ungefähr benommen, wie Voltaire und noch mehr die späteren übersetzer (vor den Romantikern) dem Shakespeare gegenüber, nach jenem Goethe'schen recepte nämlich

„*Musst all die garstgen wörter mindern.*"
Unter den garstigen wörtern versteht der frühere französische und leider jetzt auch deutsche falsche idealismus aber alles was an die „unschöne wirklichkeit" nur erinnern konnte, alle kühnen ausbrüche des poetischen realismus, an denen Shakespeare grade so reich ist. Diese partisane des siècle Louis XIV haben die tarte à la crème des grossen Molière vergessen, und finden nur ihren Racine nachahmenswürdig, der 1697 die ratte (rat) aus seinem wappen strich, um hinfort nur den poetischen schwan (cygne) als ein anständiges dichterisches thier darin weiter zu führen! Glücklicherweise haben die französischen Romantiker zu dem ächten Shakespeare hin und zu Molière, Rabelais, La Sale, Villon und dem Autor des Pathelin zurückgeführt.

Die wie es scheint ganz unbekannt gebliebene treffliche englische arbeit ist im vorstehenden so treu wie möglich der deutschen sprache angeeignet worden.

Dass nun die quelle der treulosen witwe in Indien zu suchen sei, ergibt sich grade aus unsrer chinesischen redaction derselben sofort. Gleich im eingang wird die seelenwanderung des helden, gleichsam als seine vorgeschichte, erzählt; und auch die ihm später beigelegte fähigkeit, in andern gestalten zu erscheinen, weist auf die vorstellung von der metempsychose hin. Diese tiefe konception ist aber so originell indisch, dass überall, wo sie in einer fabel oder novelle auftritt, damit deren indische abkunft dokumentirt wird.

Auch Theodor Benfey bemerkt im „Pantscha tantra. Fünf bücher indischer fabeln, märchen und erzählungen (1859) I, 460: „das vorkommen unsrer erzählung im mohamedanischen orient und selbst in China, wohin so viel buddhistisches gedrungen ist, erweckt den verdacht, dass ihre eigentliche heimat in der mitte, in Indien, zu suchen sei. Allein ich kenne keine indische darstellung, an die wir sie in ihrer besonderheit anzuschliessen vermöchten." In einer brieflichen mitteilung vom 3. februar 1872 bestätigte der genannte gelehrte diese stelle seines buches.

Nun hatte aber schon Loiseleur Deslongchamps in seinem „Essai sur les fables indiennes et sur leur introduction en Europe" (1838) die vermisste indische quelle nachgewiesen. Es ist die geschichte der Dhuminî in dem sanskritroman Dasa-kumâra-tscharita. Ein auszug im sanskrit ist hinter Colebrookes Hitopadesa-ausgabe zu Serampur 1804 publicirt worden und ebenso bruchstücke einer englischen übersetzung unter dem titel „The adventures of the ten youths" im Quarterly oriental Magazine. Calcutta 1826. 1827. vol. VI—VIII. Beides hat Loiseleur eingesehen und erklärt demzufolge p. 162 note l. c., wo er von unsrer novelle handelt: „Le conte du Tailleur et de sa femme dans l'Histoire de la Sultane de Perse et des Vizirs traduite du turc par Pétis de Lacroix et celui de Dhumini dans le Dasa-kumâra-tscharita se rattachent peut-être encore à cette fiction"; und p. 174 „L'histoire du Tailleur et de sa femme offre beaucoup d'analogie avec celle de Dhuminî dans le poême indien."

Adelung, bibliotheca Sanskrita (2. Auflage St. Petersburg 1837) führt auch eine englische übersetzung jenes auszugs des Kumaratscharita an, welche 1084 (muss heissen 1804) zu Serampur „in Careys ausgabe des Hitopadesa" erschienen sei. Die ebenerwähnte Colebrooke'sche ausgabe von 1804 hat nun aber Carey grade besorgt: die übersetzung habe ich aber nicht darin angetroffen. Nach jenem russischen bibliographen schienen die auszüge der Oriental Review auch im Asiatic Journal 1828 wiederholt zu sein. Es ist aber hier nur eine geschichte aus dem Kumaratscharita mitgeteilt, auch ein eheroman, die hochromantische verführungsgeschichte einer frau durch einen brahmanen.

Der geschichte der Dhumini konnte ich selbst leider nicht habhaft werden und begnüge mich daher zunächst die türkische erzählung, womit sie nach Loiseleur so viel analogie haben soll, hier herzusetzen u. z. nach A. Kellers Einleitung zu seiner ausgabe der Sept sages. Die türkische novelle ist enthalten in dem roman „die vierzig veziere", welchen ein türkischer autor unter Amurad II (1422—1451) schrieb, seiner angabe nach eine bearbeitung des arabischen romans „Buch der vierzig morgen und abende" von Scheik-Zadé.

Ein schneider weicht, dem gegenseitigen versprechen gemäss, nicht von dem grabe seiner frau Gülendam. Er hat sie so geliebt, dass er nun hier sterben will. Aber der profet Aysa erweckt sie von den todten. Eilends geht der mann, um ihre kleider zu holen, aber während seiner abwesenheit folgt sie dem grade vorübergehenden prinzen in dessen harem. Der gatte erfährt dies später und fordert sein weib zurück. Sie aber erklärt: er sei ein räuber der sie ausgeplündert und dann lebendig begraben habe. Der prinz will den schneider aufknüpfen lassen, als der profet erscheint, ihn rechtfertigt und alles aufklärt. Nun kommt das treulose weib an den galgen.

Wir erkennen in der tat in dieser türkischen, oder vielmehr arabischen erzählung — denn auch in der 1001 nacht (555. und 556. nacht) wird dieselbe geschichte von einem seidenhändler und seiner frau Adileh erzählt — alle elemente unsrer chinesischen novelle wieder. Eine sonderbare umkehrung ist es, dass hier der mann von seiner begrabenen frau nicht lassen will, wie dort die frau im prunkgemach des hauses an seiner leiche täglich weinte und klagte. Wie nun in der chinesischen novelle der mann wieder zum leben erwacht, um sein treuloses weib zu richten: so wird in der indisch-arabischen die frau wieder belebt, und man sollte meinen, dass nun des treuen mannes höchster wunsch erfüllt worden. Aber jetzt beginnt hier erst das lied von der weiberuntreue, der eigentliche zweck der novelle. Sie will ihren lebenden mann an den galgen bringen, um des geliebten prinzen willen; wie die chinesische frau dem todten das haupt spalten will, um den lebenden vom tode zu retten. Unendlich viel poetischer ist die chinesische novelle in allen ihren details und jener tiefe sittliche geist der Inder ist es, welcher die treulose Tien-sche für eine handlung den tod leiden lässt, die einer hausbackenen moral gar nicht so todeswürdig vorkommen mag. Dass dagegen die Gülendam von henkershand an denselben galgen geknüpft wird, an den sie ihren mann hatte bringen wollen, ist sogar schon dem strafgesetzbuch gemäss: nur das feinste sittliche und künstlerische gefühl aber konnte die chinesische geschichte mit dem selbstmord der heldin schliessen.

Erkennen wir also in der arabischen version auch eine variation desselben grundmotives wieder, so möchte ich doch, angenommen dass die geschichte von Dhuminî mit der arabischen im wesentlichen übereinstimmt, diese quelle nicht als die einzige indische für unsre chinesische novelle ansehn. Dazu kommt, dass über das alter des Dasa-kumâra-tscharita, oder wenigstens der zu Serampur publicirten fassung des romans sehr verschiedene ansichten herrschen. Colebrooke in den Introductory Remarks zu seiner sanskritausgabe nennt den roman „the celebrated poem of Dandî" und sagt von diesem: „this distinguished poet, famous above all other Indien bards for the sweetness of his language and therefore ranked by Calidasa himself (if tradition may be credited) next to the fathers of Indian poetry, Valmici and Vyasa, composed a pleasing story in harmonious verse under the title of Dasa Cumâra tscharita or adventures of the ten youths." F. v. Bohlen aber erklärt diesen sanskritroman, den er aber auch nur in dem von Colebrooke publicirten auszuge gekannt zu haben scheint, für sehr späten ursprungs.

Das vorkommen der Dhuminîepisode in dem roman beweist uns zwar auch, im fall dass Bohlen recht hätte, die ursprünglich indische idee der novelle, wir würden dann darin aber nur eine spätere abgeschwächte redaction derselben haben, während die chinesische offenbar ihrer ächten indischen mutter ungleich näher steht. Nur die tiefe indische ehemoral konnte an einer witwe, welche also doch nur dem todten die treue gebrochen, diesen ihren posthumen ehebruch dennoch mit dem tode ahnden. Denn eigentlich durfte ja die witwe den tod des mannes überhaupt nicht überleben. Dass sie sich zugleich an dem leichnam vergehen wollte, erscheint hiebei nur zu einem untergeordneten moment herabgesetzt, ist nur ein besonders flagrantes symptom der treulosigkeit. Wir werden sehen, dass die weniger fein fühlenden völker grade auf die leichenverstümmlung den grössten nachdruck legen, als wenn die brutalen tatsachen strafwürdiger wären, als die noch nicht verkörperten gedanken der sünde. Eine ächt indische vorstellung liegt dagegen noch Christi worten zu grunde: wer ein weib ansieht ihrer zu begehren, der hat schon mit ihr die ehe gebrochen!

Von der indisch-chinesischen grundform kommen wir mit einem ungeheuren sprunge sogleich zu einer äusserst heterogenen und doch sicherlich genetisch verbundenen gestaltung unsres stoffes, in der die geschichte am allerbekanntesten geworden ist: zu der Matrone von Ephesus des Petronius.

Im uns erhaltenen 111. und 112. capitel seines romans lässt Petron den Eumolpus auf einem nach Tarent fahrenden schiffe diese erzählung zum besten geben.

Eine matrone in Ephesus wollte sich über den tod ihres Gemahls gar nicht trösten lassen und zufrieden geben.

... „Non contenta vulgari more, funus passis

prosequi crinibus etc. in conditorium etiam prosecuta est defunctum, non parentes potuerunt mortem inedia persequentem abducere, non propinqui; magistratus ultimo repulsi.... quintum iam diem sine alimento trahebat."

Mit ihr war nur eine treue magd.

Inzwischen „imperator provinciae latrones crucibus iussit adfigi secundum illam eandem casulam. Der „miles, qui cruces adservabat", sah „lumen inter monimenta et gemitum audit und kommt aus neugier („vitio gentis humanae concupiit scire quis aut quid faceret") heran.

Sobald er die lage der sache sah, „cenulam suam in monumentum adtulit coepitque hortari lugentem, ne perseveraret in dolore supervacuo ac nihil profuturo: omnium eundem esse exitum et idem domicilium, et cetera quib. exulceratae mentes ad sanitat. revocantur.

Aber sie will nicht hören und erst als die magd „vini certe odore corrupta" sich satt gegessen, überredet diese ihre herrin unter andern auch durch ein citat: „id cinerem aut manes credis curare sepultos?" „ipsum te jacentis corpus ammovere debet ut vivas" Nemo invitus audit, fährt der erzähler fort, cum cogitur aut cibum sumere aut vivere.... ceterum scitis quid plerumque soleat temptare humanam satietatem:

miles aggressus est mit denselben blanditiis wie vorher ihren entschluss, so jetzt pudicitiam eius und „conciliante gratiam ancilla subinde dicente:

„Placitone etiam pugnabis amori?".. ne hanc quidem partem corporis mulier abstinuit."
So lebten sie drei nächte zusammen praeclusis conditorii foribus, sodass die vorübergehenden glauben mussten, auch die frau sei nun gestorben.
Der miles kaufte nach kräften seines geldbeutels nahrungsmittel. Da bemerkt er plötzlich dass unius cruciarii parentes den körper geraubt und will sich nun tödten „nec expectaturum se judicis sententiam."
Aber mulier non minus misericors quam pudica: „ne istud dei sinant, ut eodem tempore duorum mihi carissimor. homin. duo funera spectem. malo mortuum impendere quam vivum occidere; usus est miles ingenio prudentissimae feminae, posteroque die populus miratus est, qua ratione mortuus isset in crucem."

Hier endet die erzählung. Im folgenden kapitel (113) wird die wirkung derselben auf die zuhörer geschildert. Die buhlerin Tryphaena wird rot „non mediocriter" über diese erzählung und verbirgt ihr gesicht super cervicem Gitonis. Lichas aber der schiffskapitän, sagt wenn der Kaiser gerecht gewesen wäre, so hätte er „patris familiae corpus" in das grabmal zurückgebracht, das weib aber an das kreuz schlagen lassen „mulierem cruci adfligere." — Der französische Academiker Dacier hat in dieser episode des Petron ein altes milesisches märchen vermutet, worauf die lokalisirung — Ephesus — ja von selbst zu weisen schien. Da indessen diese milesischen und sybaritischen novellen, von deren lateinischer übersetzung noch der Partherfürst Surenna im lager des geschlagenen Crassus exemplare vorfand, für uns verloren gegangen sind, so lässt sich diese frage nicht sicher entscheiden. Petronius giebt auch keine andeutung woher er den stoff entnommen, ungleich dem Apuleius, der seinen roman ausdrücklich als sermo Milesius bezeichnet. Dass indessen Petron nicht ihr originaler erfinder gewesen, steht für uns, die wir die indisch-chinesische und auch schon eine wenn auch späte arabische version kennen, fest und so werden denn auch wol in diesem falle die kleinasiatischen küstenstädte die vermittlerrolle zwischen orient und occident gespielt haben. Derselbe Dacier machte auch in seinem „Examen de l'histoire de la matrone d'Ephèse. Lu le 20. juin 1773 (Memoires de l'acad. Paris. 1780 p. 523 seq.) auf ein basrelief aufmerksam, das bei Dandre Bardon, Costume des Grecs et des Romains II. cahier abgebildet ist und unzweifelhaft die geschichte des Petronius darstellt. Dasselbe wurde in den trümmern von Neros goldnem hause in Rom entdeckt. Bei der beziehung, in der der verfasser des Satyricon zum kaiser gestanden haben soll, könnte man hierin eine illustration zu der durch Petron populär gewordenen historie sehen, ungefähr wie Kaulbach allerlei dichtungen von Goethe illustrirt. — Dass die Römer solche dauerhafte marmorne illustrationen ihrer autoren liebten, beweist übrigens das in meiner skizze der parodieliteratur erwähnte relief zum Virgil.

Andrerseits könnte dies basrelief, dessen entstehungszeit mit sicherheit bisjetzt nicht bestimmt ist, recht wol höheren alters sein und würde dann als ein weiterer beweis dafür dienen, dass Petronius nur eine gangbare historie in seinen roman in neuer form verflochten habe.

Lehrreicher als die untersuchung, auf welchen wegen und umwegen die morgenländische fabel dazu kam, plötzlich in der hauptstadt des abendländischen weltreichs aufzutauchen, an den schwelgerischen tafeln des kaisers in später klassisch gewordener prosa recitirt und an den wänden seines lieblingspallastes als ewiges kunstwerk aufgehängt zu werden — wichtiger ist uns zu sehn, was der Römer aus ihr gemacht hat. Wie in der arabischen version aus dem chinesischen hochgebildeten philosophen, dem könige ihre töchter gaben, ein schneider oder seidenhändler und die moral eine ziemlich gewöhnliche geworden war, so ist die sphäre, in die Petron seine geschichte verlegt hat, die der römischen wachtstube. Sie ist unter seinen händen zu einem soldatenabenteuer geworden. Ich sage nichts gegen die art seiner darstellung: da ist kein wort zu viel, alles prägnant, lapidarisch, anschaulich, vortrefflich, ein kleines meisterwerk, aber völlig niederländischer schule, während über der chinesischen novelle eine zarte sittliche grazie schwebt, ein hauch wie über den bildern Giottos und Fiesoles. Der chinesische erzähler ist gewiss ganz ebenso realistisch zu werke gegangen, er hat sich nicht gescheut, auch die krassesten dinge einfach natürlich zu erzählen, aber er ist doch ein grösserer poet als dieser Römer. Er versteht es uns die rührung mitzuteilen, welche Chwangsång empfindet, als er an der leiche seiner erhängten frau seine flöte in stücken bricht und das haus, wo er mit ihr gelebt, in brand steckt mitsammt ihrem sarge. Einen so tiefen poetischen eindruck vermag Petron nicht zu erwecken. Im einzelnen sind der übereinstimmungen wie der merkwürdigen abweichungen der römischen und indisch-chinesischen version gar manche. Von dem verstorbnen gemahle, der bei dem Chinesen die hauptrolle spielt, erfahren wir bei Petron nichts, hier agirt er nur als leichnam mit. Der soldat, der die trauernde witwe tröstet, ist eine wirkliche dritte person, grade wie der prinz in der arabischen version, den die wiederauferstandene witwe ihrem wirklichen gemahle vorzieht. Von dem tiefsinnigen zuge des Chinesen, welcher jede dritte person ausschliessend das ehedrama nur allein zwischen den beiden eheleuten abspielen lässt und indem die witwe nur einem schattenbilde gegenüber untreu wurde, so gleichsam nur eine sünde in gedanken bestraft wird — ist bei dem Römer jede spur verwischt. Die idee der metempsychose und was damit zusammenhängt ist auf der weiten wanderung der novelle völlig abhanden gekommen. Neu musste eben deshalb auch die verwendung des todten körpers zu gunsten des lebenden erfunden werden. Wie bei dem Chinesen das gehirn des scheinbar todten als medicin für den todtkranken lebenden gebraucht werden sollte, so muss bei dem Römer der ganze leichnam als heilmittel für den mit dem tod bedrohten lebendigen geliebten schmählich sich gebrauchen lassen. In beiden fällen räsonnirt eine leichtfertige moral: was nützt den todten ihr körper? kann ein lebender dadurch gerettet werden, dann spalte dem todten die hirnschale oder hänge ihn getrost an den galgen!

Aber auch Petronius lässt den entschluss der witwe, ihren gatten an den galgen zu bringen, doch nicht hingehen ohne ihr einen hieb dafür zu versetzen. Non minus misericors quam pudica sagt er mit feiner ironie. Jedenfalls aber haben wir bei ihm wieder die vollbrachte leichenschändung, wie vorher den consummirten ehebruch, bei dem Chinesen kommt es nur zu dem versuche. Und dennoch kann sich der Römer nicht zu dem tragischen abschluss seiner geschichte erheben, obwol selbst eine Tryphaena über die erzählung erröten muss. Die einzige erinnerung an die altrömische sittenstrenge liegt in den worten des schiffscapitäns, dessen empörung sich in dem gebrauch jenes altgeheiligten ausdrucks „pater-familias" kundgiebt. Diese soldatendirne bleibt am leben und der körper des pater familias baumelt am galgen! —

Weit entfernt, dass wir hier in eine stets verderbliche vermischung von moral und aesthetik gerieten, kann uns grade diese Petronische behandlung eines an sich moralischen sujets beweisen, dass das kunstwerk sich seines grössten ächtesten eindrucks beraubt, wenn es mit den ewigen ideen der moral sich in widerspruch zu setzen wagt. Petron, indem er der moral seiner novelle die tragische spitze abbrach, hat damit das kunstwerk selbst zu einer blossen socialen studie herabgesetzt, zu einer geistreich erzählten anekdote, zu einem lustigen unterhaltungsstück, als welches es ja auch in der tat auf dem tarentiner schiffe aufgetischt wurde. Bei dem indisch-chinesischen dichter waltet von anfang bis zu ende die einheit der künstlerischen idee, alles hat zug, streben, beziehung auf das eine tragische ziel, es ist die schlange, die sich in den schwanz beisst, das symbol der ewigkeit und der kunst. Bei Petron läuft das ende nicht in den anfang zurück, die geschichte verläuft im sande, wie der Rhein in Holland.

Mit dieser blos anekdotenhaften wiedergabe der wirklichkeit, ohne die zu grunde liegende idee anschaulich zu erfassen und konsequent zu ende zu denken, aus zahllosen andern fällen den einen konkreten fall zu ergänzen, zu korrigieren, erst in sein richtiges licht zu setzen, mit dieser blossen kopie des einmal vorgefallenen begnügen sich auch in der weiteren literaturentwicklung die romanischen novellisten sehr oft, selbst Boccaz, und der autor des französischen Decamerons (nämlich der C nouvelles nicht etwa der Contes de la Reine) Antoine de la Sale. Der Inder sah jedes einzelne geschehen sub specie aeternitatis. —

Nachdem Petron die matrone von Ephesus in der römischen literatur eingebürgert oder vielleicht nur ihr andenken darin erneuert hatte, begann sie bei den späteren lateinern ein freilich ziemlich kümmerliches dasein weiter zu fristen.

Unter den XXXII neuentdeckten fabeln des Pseudo-Phaedrus behandelt eine des Petronius märchen.

In Burmanns ausgabe des Satyricons wird auch eine aesopische fabel des Romulus Grammaticus als dasselbe sujet darstellend aufgeführt. Freilich sagt Burmann: „Carmine reddit Romulus." Die fabeln des Romulus sind aber eine prosaübersetzung des griechischen. Ich habe es nicht der mühe wert gehalten die dem Burmann vermutlich passirte verwechslung des Romulus mit dem folgenden anonymus zu verificiren.

Die aus dem griechischen übersetzten fabeln des Romulus versificirte nämlich später ein anonymus, über den Lessing, kurz vor seinem tode, sehr umständliche bibliographische untersuchungen angestellt hat. Ein Lessing unbekanntes manuscript dieses anonymus beschreibt der Academiker Dacier a. a. o. und versetzt es in das XII. jahrhundert. Die XLIX. fabel heisst hier „De viro et uxore", höchst mittelmässige distichen, trocken und geistlos die behandlung. Der schluss lautet:

„— — pro fure catenat ipsa virum.
Huic merito succumbit eques, succumbit amori
Illa novo: *ligat hos firmus amore thorus.*
Sola premit vivosque metu, poenâque sepultos
Femina: femineum non bene finit opus."

Später gab Nivelet diesen anonymus heraus.

Aus den in den klöstern beliebten manuscripten des Petronius excerpirte die novelle auch der bischof von Chartres Jean de Sarisbéry für sein buch De Nugis Curialium, wo sie im lib. VIII cap. 2 zu finden ist. Er nennt den Petron ausdrücklich, beruft sich aber zugleich auf einen gewissen Flavianus als zeugen, dass die geschichte wirklich in Ephesus passirt, sowie dass die frau „impietatis suae et sceleris parricidalis et adulterii poenas luisse." Flavianus, den der bischof öfter, u. a. als verfasser einer schrift De vestigiis philosophorum citirt, ist ein übrigens ganz unbekannter autor, der also ebenfalls, ausser Petronius, die novelle irgendwie behandelt haben muss. Um dieselbe zeit als der bischof von Chartres das zeitliche segnete († 1183), erblickte in Frankreich eine der allerberühmtesten novellensammlungen und zwar ebenfalls in einem kloster das licht der welt: die Historia Septem Sapientum Romae. Dies werk wurde von dem mönche Dam Jehans zu Haute Selve, einer abtei der diöcese Nancy, in lateinischer sprache geschrieben und ist im wesentlichen eine übersetzung des hebräischen buches Sandabar, welches der rabbi Joël, auch im XII. saec. wahrscheinlich aus dem arabischen übersetzt hatte. Der arabische geschichtsschreiber Massudi, der im X. saec. p. Chr. lebte, spricht aber von dem roman eines indischen philosophen, betitelt „die sieben veziere, der lehrmeister, der jüngling und die frau des königs." „Dies werk heisst das Buch des Sendabad." Das original des originals des Rabbi Joël war also ein indisches werk, Sandabar ist Sendabad. Es gehört zu den in Indien erfundenen rahmenerzählungen, in denen nämlich eine ganze reihe einzelner geschichten künstlich in ein ganzes verflochten wird. Der indische original Sendabad ist nun noch nicht entdeckt; A. W. Schlegel wollte (1830) eben das obenerwähnte Dasa kumara tscharita dafür ansehen, aber v. Bohlen und Loiseleur Deslongchamps bestreiten dies wie mir scheint mit recht. Ausser der übersetzung des Joël haben wir aber noch eine griechische unter dem korrumpirten titel Syntipas, welchen Dacier nach dem stil in das XI. jahrhundert verweisen will. Der französische mönch machte also das abendland zum ersten male mit den dichtungen des fernen morgenländischen romantischen geistes bekannt zu derselben zeit, als eben die kreuzfahrer den orient auch politisch zu erobern suchten.

In die historia Septem Sapientum ist nun auch unsere treulose witwe und zwar in einer wesentlich neuen, sehr eigentümlichen, künstlerisch bedeutenden gestalt eingeflochten.

Sehr sonderbar trifft es sich aber, dass sowohl in der hebräischen als der griechischen version des indischen Sendabad grade die geschichte von der witwe nicht enthalten ist. Dam Jehans muss sie also anderswo gefunden haben.

Es ist nun sehr möglich, dass er die matrone von Ephesus des Petronius gekannt, konnte auch wol eben noch durch den bischof von Chartres daran erinnert sein und so hinderte nichts, anzunehmen, dass die witwe aus der römischen quelle in die Septem sapientes geflossen sei. Allein andrerseits hat die novelle doch bei ihm eine von der Petronischen so abweichende form angenommen, dass man sich kaum des gedankens erwehren kann: es hätten dem mönch von Haute Selve noch andere direktere quellen zu gebote gestanden, aus denen er seine erzählung geschöpft.

Versetzen wir uns in jene zeit.

Es war die zeit der kreuzzüge. Die französischen Trouveurs zogen zum heiligen lande und sogen begierig, wie einst die jonischen colonisten, die fabeln und märchen des morgenlandes ein. Zu hause ergötzten sich dann die französischen barone auf ihren einsamen schlössern an den erzählungen der zurückgekehrten sänger. Denn:

> Usage est en Normandie
> que qui herbergiez est qu'il die
> fable ou chanson à l'hoste.
> (Sacristan de Cluny.)

So entstanden, wenn auch nicht aus jenem directen contact mit dem orient allein, in der letzten hälfte des XII. bis in das XIV. jahrhundert die Fabliaux, von denen Le Grand in seiner ausgabe vortrefflich sagt: „Wir finden daselbst meinungen, vorurteile, sitten, die art und weise, wie man sich gewöhnlich unterhielt, wie man liebschaften anknüpfte und fortführte; mit einem worte alles findet man dort und vieles nur dort." Er rühmt die herzenskenntnis, einfachheit und wahrheit dieser dichtungen. Unter diesen fabliaux nun finden wir nicht weniger wie drei, welche die geschichte von der witwe erzählen. Das eine teilen Barbazon et Méon, fabliaux et contes Paris 1808 (III, 462 cf. Le Grand, III 328. 333) unter dem titel „de celle qui se fist foustre sur la fosse de son mari" mit; es hat nach A. Keller (Einleitung zu seiner ausgabe der Sept Sages) folgenden inhalt:

Eine frau in Flandern will ihres mannes grab nicht verlassen. Ein ritter und sein knappe sehen sie von weitem und letzterer wettet mit seinem herrn, er werde sie verführen. Geht dann zu der frau und klagt: er habe seine geliebte durch die heftigkeit seiner liebkosung umgebracht. Sie wünscht auch so umgebracht zu werden, da ihr das leben verhasst sei. Der ritter sieht aus der ferne lachend zu. Ich führe dies fabliau, dem ein eigentlicher schluss und überhaupt die pointe fehlt, nur an, weil es mir eben zu beweisen scheint, dass nicht Petron und die von ihm abgeleiteten darstellungen zum vorbild dieser französischen version gedient haben können. Gar nichts erinnert hier an Petronius.

Die andern beiden fabliaux teilt Dacier a. a. o. mit. Der eingang beider ist zwar mit dem Petronius übereinstimmend, aber zu dem einen ist ein ganz neuer schluss hinzugekommen. Hier wird ein zwiegespräch zwischen der dame und dem ritter wiedergegeben, nachdem sie sich bereit erklärt hat, ihren todten mann an dem galgen die stelle des gestohlenen räubers einnehmen zu lassen. Er sagt mit verstellter furcht: lieber wolle er sterben als den todten anrühren; worauf sie allein den leichnam heranschleppt. Er geht allein hinterher. Dann bemerkt er, der räuber habe an der stirn eine grosse wunde von zwei pfeilen herrührend gehabt. Sie bittet, ihrem mann mit seinem degen dieselben wunden zuzufügen. Und als er dies ebenfalls nicht wagen will, nimmt sie den degen und schlägt zu. Mit dem allgemeinen moralspruche: hieraus könne man ersehen, welches vertrauen die todten auf die lebenden setzen könnten, schliesst das fabliau.

Haben wir nun schon oben gesehen, dass der uralt-indische stoff in die arabischen märchen übergegangen war und noch im anfang des XV. jahrhunderts aus dem arabischen ins türkische übertragen wurde, so steht der annahme nichts im wege, dass zu den zeiten der kreuzzüge die trouveres, unbekannt mit Petronius, die geschichte, die im orient noch so beliebt war, als neu mit über das mittelmeer nach Frankreich gebracht und durch sie der mönch von Haute Selve auf seine geschichte von der witwe geführt worden sei. Eine priorität der fabliaux vor der historia septem sapientum lässt sich freilich nicht genau konstatiren. Der grundstein zur abtei Haute Selve wurde am 26. mai 1140 gelegt (Loiseleur Deslongchamps p. 85 note 2). Die erste französische freie rhytmische bearbeitung der VII. sapientes, der Dolopathos des Trouvère Hebers, der das werk „en reverence" des späteren, 1223 zur regierung gekommenen königs Louis VIII. gedichtet haben will, ist zu anfang des XIII. jahrhunderts verfasst. Folglich ergiebt sich das ende des XII. jahrhunderts für den mönch von Haute Selve, da Hebers von ihm als von einem älteren zeitgenossen spricht. Die fabliaux begannen aber auch schon in der letzten hälfte des XII. jahrhunderts.

Jedenfalls aber ist der geschichte der witwe, wie sie in den VII sapientes auftritt, gleichviel woher sie der verfasser entlehnte, der stempel des französischen geistes aufgedrückt. Wir erkennen dies noch mehr, wenn wir nicht die urprüngliche mönchslateinische redaction, sondern die fast wörtliche, aber auch (hierin dem Dolopathos

6*

gleich) rhytmische übersetzung zu grunde legen, welche die VII meister zu ende des XIII. jahrhunderts (jedenfalls nach dem jahre 1284) durch einen namenlosen trouveur erfahren haben. Diese „Romans de sept sages" hat Adalbert Keller aus der Pariser pergamenthandschrift im jahre 1836 musterhaft herausgegeben. Es ist dies nach ihm die „älteste vollständig erhaltene bearbeitung des buchs in einer modernen sprache und liegt den meisten spätern europäischen bearbeitungen zu grunde." Nach seiner ausgabe füge ich hier einen auszug ein.

Die einleitung, die einfügung in den grossen erzählungsrahmen giebt CLV. In CLVI beginnt dann die erzählung selbst:

CLVI

Ein duc de Loherainne lebte mit seiner frau in grosser liebe. Er hielt eines tags ein messer in der hand und sie verletzte sich aus versehen daran und blutete ein wenig, was ihn so sehr betrübte, dass er nicht ass noch trank und am andern morgen todt war. Die frau setzte sich auf sein grab

   et jure diu et saint denise
   jamais dilluec ne partira
   desci au jour quelle morra.

Nun kommen die verwandten [ganz wie bei Petron], sagen

richement serois mariée —

sie aber wiederholt, refrainartig, die worte jamais etc. Da bauen die verwandten une loge für sie und bringen ihr holz und machen feuer.

CLVII

Drei räuber sind an den galgen (bei jenem kirchhof) gehängt worden.

CLVIII

Ein chevalier reitet aus sie zu bewachen. Es ist um die zeit des Andreastages und sehr kalt. Er sieht den ort auf dem kirchhof wo die witwe sich aufhält und tritt ein, um sich zu wärmen, nachdem er versprochen, ne parole de lecherie zu sprechen. Als er warm und seine farbe wiedergewonnen, redet er ihr zu wieder zu heiraten

car nest el monde tel dolour
ne tempeste ne tenebrour
que tout ne couuigne oublier;
car la mors fait tout achieuer.

Sie schwört ihren alten refrain.

CLX

Unterdessen haben den einen räuber seine verwandten abgenommen. Er beschliesst sich bei der witwe rat zu holen, die könne ihm vielleicht geben was ihn rette. Er erzählt es ihr

(')
Or men convient fuir en frise;
Je natendrai pas la justiche.

CLXI

Darauf sie sofort:
Amis
Si vous me volijes amer
Et prendre a femme et epouser.

Dann wolle sie ihm guten rat geben und er könne ruhig sein land behalten (brauche nicht flüchtig zu werden). Als er zugestimmt, rät sie, ihren mann an den galgen zu hängen. Beide nehmen den körper aus dem grabe und tragen ihn zum galgen, woran sie eine leiter stellen.

CLXII

Der ritter sagt: er könne ihn nicht hängen, Dame — se.iel pendoie tous fuis couars endevenroie. Sie sagt: Dann hänge ich ihn. Legt ihm den strick um den hals und zieht ihn empor. Der ritter aber sagt: cist est lassus (mais, par

mon chief, il i a plus). Der räuber wäre mit einem degen durch die rippen gestochen. Sofort sticht sie den todten auch durch die rippen. Ihr refrain, wenn der ritter sich weigert dem leichnam böses anzutun, ist nun immer
je le ferais
tout maintenant sans nul delai.

CLXIII
Der ritter: il i a plus:
Der räuber hatte zwei ausgeschlagne zähne, wenn morgen das volk kommt, wird es sehen, dass der am galgen noch die zähne hat.
Sie stimmt ihren refrain an, nimmt einen stein, schlägt ihm zwei zähne aus, steigt von der leiter und kommt zum ritter:
Amis, forment pris votre amour
Er aber antwortet:
Voire, dist il, or de putain
De dame diu ki fist euain,
Soit cil honnis, ki que il soit,
Ki en maluaise femme croit!
Tost aues chelui oublie
Ki pour vus fu ier enterre.
Je jugeroie par raison
Que len vous arsist en charbon.

La dame ot duel de ces nouieles
Or est cheoite entre deus sieles.

Aus einer französischen prosaübersetzung, einem velinmanuscript des XIII. jahrhunderts, teilt Dacier a. a. o. unsere geschichte mit. Sie stimmt mit Kellers text völlig überein. Wir sehen, dass sich die fabliaux nur wie eine skizze, fast wie eine inhaltsangabe zu diesem ausgeführten gemälde verhalten, woraus wir noch auf das höhere alter jener schliessen dürfen.

Gleich im eingange überrascht uns der französische novellist durch die zarte art, mit der er das liebesverhältniss des herzogs mit seiner frau andeutet. Petron hatte kein wort über den mann verloren. Der indisch-chinesische erzähler hatte allen nachdruck auf den mann gelegt und die novelle rührend und würdig mit ihm schliessen lassen. Der franzose folgt dem älteren und tieferen vorbilde wenigstens im eingange; ja, er erfindet hier noch den sehr schönen zug hinzu, dass der mann aus übergrosser, fast krankhaft nervöser liebe zu seiner frau gestorben ist. Mit ächt französisch realistischem lokalkolorit ist die scene auf dem kirchhof ausgestattet.

Die zwiegespräche zwischen dem ritter und der frau sind eine weitere, durch die sehr glückliche einführung des refrains gehobene ausführung des in dem einen fabliau schon angedeuteten. Die frau soll den becher der schande hier ganz leeren. Der ritter, obwol er landesflüchtig werden, ja den tod fürchten musste, wenn der leichnam nicht an den galgen käme, sagt doch, er müsste ein elender sein, wenn er selbst den ritter aufhinge. So muss sie alles tun und sogar den, der aus liebe zu ihr gestorben, noch verstümmeln!

Obwol nun aber die schuld der frau hier noch unendlich grösser erscheint als bei Petronius, so entschliesst sich der franzose noch weniger als der römer, der poetischen und moralischen gerechtigkeit durch einen tragischen, den allein möglichen schluss genüge zu tun. Der ritter sagt ihr nur, von rechtswegen müsse man sie verbrennen, und lässt sie stehen. Und die novelle schliesst fast lustig mit dem sprichwort: So hatte sich die frau zwischen zwei stühle gesetzt, d. h. den todten hatte sie geschändet um des lebenden willen und der lebende liess sie sitzen.

Der franzose hatte aber doch ein weit feineres künstlerisches bewusstsein als der römische fabulist, welcher ganz brutal das nackte factum der drei nächte im mausoleum erzählt, und die frau dann auch später mit ihrem soldaten ruhig weiter leben lässt, wenigstens keinerlei andeutung vom gegenteil giebt. Der franzose lässt seine herzogin von dem ritter nur ein eheversprechen erlangen, keineswegs geht es auf dem kirchhofe hier her wie in dem fabliau (seite 81), und am ende steht die frau mit scham und schande bedeckt, von gewissensbissen gequält jämmerlich und allein unter dem galgen, woran sie den gebracht, der aus liebe zu ihr gestorben war. Ende und anfang der französischen novelle sind wenigstens durch die einheit der künstlerischen idee verbunden. Das tiefe gefühl für die eheliche treue, welches dem Inder seinen schluss eingab, fehlte dem romanischen dichter freilich.

Als ein hoher sittlicher dichter erscheint der mönch von Haute Selve aber, wenn wir ihn mit den französischen autoren vergleichen, die in den folgenden jahrhunderten sich desselben stoffes bemächtigt haben.

Nach Burmanns Petronausgabe ist der nächste, der den stoff wieder behandelte, jener Pierre Bercheur († 1362 als prior eines benedictinerklosters zu Paris), wenn wir ihn nämlich als den autor der Gesta Romanorum ansehen. Nach Dunlop sind die Gesta Romanorum jedenfalls um 1340 verfasst. Ich erwähne das vorkommen unsrer wieder lateinisch gewordenen novelle darin übrigens nur der vollständigkeit halber und gehe

sogleich zu Eustache Deschamps über, dessen „Exemple contre ceuls qui se fient en amour de femmes" Dacier a. a. o. mitteilt. Deschamps gehört dem XIV. jahrhundert an, wenigstens sah Dacier das datum 1393 unter einem seiner poeme. Dieser spätling der trouvere lässt den soldaten die witwe heiraten!
Qu'elle ainsi de mort le garda,
Si la print puis par mariage.
Or ne sçai-je s'il fist que sage,
Autant pot-il de soi attendre,
Comme du premier qu'el fist pandre.

Er zweifelt freilich ob sein chevalier weise daran tut, da es ihm später am ende ähnlich ergehen könne wie dem ersten mann. Aber in diesem bescheidenen skrupel erschöpft sich auch seine moralität.

Dieser schluss mit der fröhlichen ehe, als wenn alles vorhergehende ganz in der ordnung gewesen wäre, flösst einen sicherlich ebenso ästhetischen wie moralischen ekel ein. Ein schneidenderer, schnöderer hohn auf ehe und ehetreue kann gar nicht erdacht werden. Die allerplatteste gemeinste ansicht von der ehe wird von diesem französischen poeten, der den ehrennamen kaum verdient, zum finalen triumphe geführt. Man kann auch nicht den realistischen einwurf machen, dass ein solcher ausgang factisch im leben gar wol möglich sei und wol oft vorkomme. Eine auf eine solche vorgeschichte gepfropfte ehe muss die karrikatur der ächten liebesverbindung werden und die vollständigkeit der dichtung hätte dann wenigstens verlangt, dass der dichter auch dies mit zeige.

Uebrigens fehlen dem Deschamps auch alle die reichen poetischen details, welche seinen vorgänger auszeichnen. Dasselbe gilt ohne zweifel auch von der nächsten bearbeitung in den Fables d'Esope, d'Avienus et autres traduites en François par Frère Julien des Augustins de Lyon Docteur en Théologie Lyon 1484 in fol. Der abbé Goujet citirt dies werk in seiner Bibliothéque Françoise (tome VI, p. 428) und sagt, dass der augustinermönch seine fabel wol aus einem manuscript des Petron geschöpft habe. Die editio princeps des Petron erschien nämlich erst 1499 zu Venedig. Wahrscheinlicher ist aber diese französische fabelsammlung eine übersetzung derjenigen fabeln, welche der oben schon erwähnte Anonymus aus dem Romulus versificirt hatte. Denn grade 1483 war zu Rom die erste gedruckte ausgabe dieser lateinischen fabeln erschienen. — Auch ganz nach Petronius erzählt die geschichte im XVI. jahrhundert der Seigneur de

Brantôme, (1527—1614) kammerherr und tapferer krieger unter Charles IX und Henri III, welcher sein leben am schreibtisch über seinen Memoires und andren büchern beschloss. Im Discours IV seiner Vie des dames galantes will er die geschichte auf einem lustigen diner von einem M. d'Aurat zuerst gehört haben, welcher sie wieder aus „Lempridius" hatte haben wollen. Später, sagt Brantôme, hätte er die geschichte auch im „Livre des Funérailles, très-beau certes, dédié à feu M. de Savoye" gelesen. Des Petron erwähnt er auffallender weise mit keiner silbe. In seinem kreise wurde die phrase „jouer le rolle de nostre dame d'Ephèse" zum sprichwort und an gelegenheiten, es auf junge witwen anzuwenden, fehlte es nach der versicherung des welterfahrenen autors nicht. Brantôme fasst die geschichte als französischer hofmann ungefähr eben so auf wie der hofmann des Nero, und legt den hauptnachdruck darauf, dass sie „ainsi sauva son galand par un acte et opprobre fort vilain à son mary." Er lässt die frau nämlich dem todten ein ohr abhauen, um ihn dem gehängten ähnlich zu machen. „Et certes ce fut une estrange tragicomédie, pleine de grande inhumanité, d'offenser si cruellement son mary." Aber auf den treubruch selbst legt er weiter kein gewicht und hat gleich eine historie aus der Bartholomäusnacht bei der hand, wo ein soldat vor den augen der frau den gemahl niederhieb und nun verlangte, dass sie ihn wieder heiraten solle oder er tödte sie gleichfalls. „La pauvre femme, qui estoit encore belle et jeune, pour se sauver la vie, fut contrainte faire et nopces et funérailles tout ensemble." Wem fällt nicht hier Shakespeares Richard III ein:

ward je in solcher laun ein weib gefreit?

Brantôme findet die frau „excusable, car qu'eust pu faire moins une pauvre femme fragile et foible, ci ce n'eust esté de se tuer elle-mesme, ou tendre sa belle poictrine à l'espée du meurtrier?"

Die Lucrecien giebt es nur in der fabel, denkt der liebenswürdige alte general.

Wenn der biedere Brantôme nicht mehr sein will, als ein chroniqueur und memoirenschreiber und darum auch nicht nötig hat, sich um künstlerische ziele zu bekümmern: so ist es eine ganz andre sache mit dem berühmten conteur, zu dem wir jetzt kommen, mit Jean de Lafontaine (1621—1695. Die „contes" zuerst 1665.) Seine „Matrone d'Ephèse" unterliegt genau demselben tadel, der schon über den Deschamps ausgesprochen.

Er lehnt sich durchaus an Petron an.

"Quelle grace aura ma Matrone au prix de celle de Petrone?" fragt er. Der alte klassiker gilt ihm als unübertreffliches muster. Er hat ihn aber an immoralität noch weit übertroffen. Nicht in dem detail der erzählung, hier ist Petron der meister, aber im geiste der ganzen behandlung. Sein conte schliesst mit folgenden worten, welche wol gemerkt der autor selbst als bedächtig abgewogene schlussmoral spricht:

"Cette veuve n'eut tort
Q'au dessein de mourir
Car de mettre au patibulaire
Le corps d'un mari tant aimé
Ce n'était pas peut-être une si grande affaire.
Mieux vaut goujat debout qu'empereur enterré.

Petron hatte dies nur der von ihrer sinnlichkeit hingerissenen witwe in den mund gelegt: "malo mortuum impendere quam vivum occidere." Der poet Louis des vierzehnten trug es ganz naiv und ungescheut als gesunde und räsonnable moral vor. Der Inder liess die witwe den scheiterhaufen besteigen, bei dem modernen franzosen war die idee der ehe schon soweit herabgekommen, dass er in der nämlichen geschichte grade die absicht der witwe, aus liebe

dem geliebten in den tod folgen zu wollen, für ihre einzige moralische schuld erklärte, aber davon dass sie den leichnam ihres gatten an den galgen hing, gar nur zu sagen wusste:
Ce n'était pas une si grande affaire.
Die glatte eleganz der verse, in denen diese gränzenlose verkehrung des edelsten zu tage tritt, hat in der tat etwas empörendes! Nur die frivolste oberflächlichkeit hatte hier die abgründe des lebens gleisnerisch verschleiert. Indem diese hoffähige geleckte graziöse flache künstliche dichterei jeden starken naturlaut ängstlich mied, den freien wuchs der bäume im walde der poesie beschneidend wie die scheere des hofgärtners die taxushecken von Versailles, war ihr mit den tiefen empfindungen überhaupt auch jede empfindung für eine tiefe moral abhanden gekommen. Wie ehrwürdig erscheinen neben La Fontaines frivolen aber immer die grenzen des convenablen einhaltenden schlüpfrigen erzählungen, schlüpfrig, weil sie aus mangel an jeder naivetät die dinge nicht bei namen zu nennen wagten und nun in einem nebel geistreicher entfernter anspielungen das anstössige verhüllten, um es dadurch nur piquanter zu machen — wie ehrwürdig erscheinen neben diesen raffinerien jene unsterblichen balladen François Villons, welche das

volle ächte leben, ein ganz gewiss sehr unsittliches leben, aber in den farben der wirklichkeit und mit den rührendsten ausbrüchen der reue in ewiger naturwahrheit schon 200 jahre vor Lafontaine dargestellt hatten.

Welch ein abfall von den fabliaux und trouveurgedichten, die Lafontaine so unendlich verschönert, von schmutz gereinigt, verbessert, in vergessenheit gebracht zu haben glaubte!

Uebrigens hatte der gefeierte fabeldichter die matrone in Paris ungemein populär gemacht.

In einem bändchen „Pièces diverses. La feste de Versailles du 18. juillet 1668" steht p. 34—55 „la veufve de Petrone."

1682 wurde sie im pariser italienischen theater auf die bühne gebracht, in einem dreiactigen stücke von Fatonville betitelt: Arlequin Grapignan.

1702 brachte De la Motte die Matrone d'Ephèse auf das Théatre Français, wo sie übrigens als Tragicomédie schon 1614 erschienen war: L'Ephésienne de Pierre Brinon. Cf. Histoire du théatre français tome IV, 188 ff.

1714 machte Fuselier eine komische oper daraus.

Was für eine matrone von diesen oder ob eine neue die von Keller in den Comédies nouvelles

Berlin 1753 entdeckt ist, darüber habe ich mir weiter kein graues haar wachsen lassen.

Berühmt ist in Frankreich noch wegen ihrer stilistischen vollendung die übersetzung der Petronischen matrone, welche Saint Evremond (1613—1703) zugleich mit einem Eloge des Petron geliefert.

Und um die reihe der Petronianer mit dem XVIII. jahrhundert zu schliessen, führe ich Rétif de la Bretonne an, welcher in seinen Contemporaines eine ähnliche geschichte von einem witwer erzählt, dann la matrone de Paris und endlich die matrone d'Ephèse zum so und sovielsten male auftischte.

Ganz abseits von diesen zahlreichen nachfolgern Lafontaines steht auch in diesem falle jenes universellste genie des XVIII. jahrhunderts, welches alle fehler und alle tugenden des siècle Louis le Grand noch einmal in sich vereinigte, zugleich aber doch, wie der grosse Molière, zuweilen als enkel und erbe jenes ächten esprit gaulois, wie er Villon, Antoine de la Sale, Rabelais und Regnier eigen war, fast wider willen erscheint: Voltaire. Denn in der Pucelle, manchen lyrischen gedichten und seinen Romans sind doch züge, welche wirklich der natur abgelauscht sind, so sehr auch seine dramen das gegenteil von Shakespeare und den alten französischen farcen sind. Freilich ausbrüche jenes tiefen vulcans der leidenschaft, der in Jean Jacques brust glühte, suchen wir bei Voltaire vergebens, bei Rousseau vergebens jene geistvoll pessimistische philosophie, mit der der weise von Ferney die ganze welt umspannte.

Nur Diderot, aber in seiner Correspondence inédite, nicht in den sozusagen officiellen artikeln der Encyclopädie, hat ihn in genuinem pessimismus des herzens übertroffen, während Rousseau trotz all seiner schicksale immer ein optimist und insofern ein seichter philosoph blieb.

Auf unsern speciellen fall zurückzukommen, der übrigens gewiss als ein bedeutsamer beleg für eine pessimistische weltansicht gelten muss, wie denn des indisch-chinesischen dichters schlussmonolog wie ein monolog Hamlets klingt — so hat Voltaire mit antioptimistischer vorliebe für solche stoffe den unsrigen ergriffen. Und er stellte sich mit seiner behandlung hundert schritte näher an die quelle als alle seine französischen vorgänger. Er setzte die Matrone d'Éphèse in ihre alten orientalischen rechte ein, als er im „Zadig" ihre geschichte also vortrug:

Zadigs frau Azora kommt ausser sich zu ihm, weil sie eine witwe hatte trösten wollen, die ihrem manne ein grab am ufer eines baches errichtet und geschworen, so lange das wasser am grabmal vorbeifliesse, so lange dort zu bleiben — als sie aber hinkam, fand sie die frau den bach ableitend. Azora war ausser sich. Aber ce faste de vertu ne plut pas à Zadig.

Er zog daher seinen freund Cador, den Azora am meisten von seinen freunden schätzte ins vertrauen, und als Azora von einem zweitägigen landaufenthalt zurückkehrte, liess er sie mit seiner todesnachricht empfangen. Sie schwört mit ihm zu sterben. Cador kommt und sie weinen zusammen. Am morgen weinen sie weniger und essen zusammen. Cador erzählt, dass der verstorbene ihm den grössten teil seines vermögens vermacht und deutet an, dass er es mit ihr teilen möchte. „La dame pleura, se fâcha, s'adoucit; le souper fut plus long que le diner." Azora lobte den verstorbenen, aber er hätte doch einige fehler gehabt, die Cador nicht hätte.

Mitten im souper wird Cador von mal de rate (milzsucht) befallen. Sie ist sehr besorgt und daigna même toucher le coté, wo er die schmerzen hatte. Er erklärt nur die daraufgelegte abgeschnittne nase eines am tag zuvor verstorbnen könne ihm helfen. Mit dem rasirmesser geht sie zum grab ihres gatten, da der engel Asrael ihn wol auch ohne nase über die brücke Tschinavar passiren lassen würde. Zadig richtet sich im sarge auf, hält mit der einen hand seine nase fest und sagt, mit der andern das rasirmesser abwehrend: madame ne criez plus tant contre la jeune Cosrou, le projet de me couper le nez vaut bien celui de detourner un ruisseau.

Zadig erschien 1747 und der autor will im Epitre dedicatoire die erzählung aus einem arabischen buche haben, das aus dem chaldäischen übersetzt sei. Obwol nun De Haldes chinesische version schon erschienen war, und er diese kennen konnte, glaube ich doch, dass Voltaire noch irgend eine andre quelle zu gebote gestanden haben muss, wenn wir nicht annehmen, dass seine eigne erfindungskraft das capitel Le nez geschaffen habe.

Dass Voltaire die orientalische lösung nicht beibehielt, kann uns bei ihm, der in London einen wahren horreur über die kirchhofsscenen im Hamlet empfand, nicht wunder nehmen. Er macht so den ehebruch und das geschwungene rasirmesser nur zu einem lustigen intermezzo, das die philosophische ehe weiter nicht unangenehm unterbricht — aber mit dieser seiner heiteren lösung hat es doch eine ganz andre bewandtnis als mit den darstellungen des Deschamps und Lafontaines. Voltaire hat von vornherein die geschichte mit der ihm eignen skeptischen grazie umkleidet. Er enthält sich jedes moralisirens, es kommt ihm nur auf einen beitrag zur geschichte des weiblichen leichtsinns an, ohne dass er tieferes damit bezwecken will. Auch handelt seine witwe nicht so schändlich wie die des Petron, es bleibt ja nur bei dem versuche und der verlust der nase ist noch kein baumeln am galgen. Wir lassen uns also gern das reizende capitel des ironikers gefallen, er hat uns darin ein zierliches meisterstück gegeben, ein Vanderwerff, der aber zugleich geistreich ist, während wir Petron mit einem Teniers vergleichen. Zwischen beiden stehen die Sieben Meister, aber nur der indisch-chinesische novellist gab uns einen Rafael und Dürer zugleich.

Frankreich hat wirklich und in der tat jahrhunderte lang im centrum der europäischen culturwelt gestanden. Dante und Petrarca folgten den troubadouren, Boccaz den trouveurs, Wolfram und Gottfried von Strassburg holten ihre stoffe von Frankreich. Frankreich hat einen Rabelais, wir nur einen Fischart.

Dass vor allem die italienische novellenliteratur, wie sie später auf Frankreich so bedeutungsvoll zurückwirkte, ihren ursprung dort genommen, davon giebt auch unsre geschichte von der witwe zeugnis.

Sie ist in Italien zuerst in den Cento novelle antiche behandelt worden, wo sie die no. 56 ausmacht und nach A. Keller folgendergestalt erzählt wird:

Der kaiser Friedrich giebt einem ritter einen leichnam zu bewachen. Der körper wird gestohlen. In einer nahen abtei sucht der ritter nach einem kürzlich begrabnen, findet dort die trauernde witwe, welche ihm gegen sein eheversprechen ihren verstorbenen mann gibt, nachdem sie ihm noch einen zahn ausgeschlagen, um ihn dem räuber ähnlich zu machen. Der ritter rettet sich durch sie das leben, hält ihr aber nicht wort.

Man sieht, dass hier die Sieben Meister ziemlich trocken excerpirt sind. Die ursprüngliche redaction des Novellino setzt Burckhardt noch in das XIII. jahrhundert. Diese ältesten italienischen novellen haben nach ihm „noch nicht den witz, den sohn des contrastes und noch nicht die burla zum inhalt; ihr zweck ist nur weise reden und sinnvolle geschichten und fabeln in einfach schönem ausdruck wiederzugeben." („Cultur der Renaissance 1. aufl. p. 155").

Einen wesentlichen unterschied von der französischen behandlung unsrer novelle gestattet die redaction in den novelle antiche nicht nachzuweisen. Ueberhaupt muss die romanische behandlung unsres sujets im ganzen eine sehr ähnliche sein und erst bei der deutschen bewältigung des stoffes werden wir wieder eine durchgreifende verschiedenheit in der auffassung beobachten können.

Ich begnüge mich daher, den novelle antiche die spätern italienischen versionen einfach anzuschliessen, wobei ich Dunlop und A. Keller folge.

In Sercambi's aus Lucca (um 1410) 156 novellen ist unter den von Gamba erst 1816 zu Venedig herausgegebenen 20 die 16. die witwe zu Ephesus.

In den Novellae des Geronimo Morlini (Neapel 1520 in 4°), wovon die meisten exemplare vom henker verbrannt sind, finde ich in dem von Liebrecht mitgeteilten auszuge einen ähnlichen zug: De viro qui uxoris fidem periclitatus est. Er stellt sich todt und sie will ihn nun in einem netz begraben, obwol sie ihm früher herrliche todtenkleider versprochen hat.

Ob Straparola, der den Morlini in seinen berühmten Tredici piacevoli notti (Venedig 1550. 1554) besonders benutzte, auch diese novelle wiedergegeben, weiss ich augenblicklich nicht.

In Annibale Campeggi, zu anfang des XVIII. jahrhunderts, erzählungen ist die zweite die witwe von Ephesus. Ebenso bearbeitete sie Eustazio Manfredi, sowie Lorenzo Astemio di Macerata im Hecatomythom. Nach Petronius erzählt sie Fortiguerras genannt Carteromaco Ricciardetto, ges. 13 st. 90. Sie steht endlich in dem Libro di Novelle. Milano 1804. Die eigentliche italienische bearbeitung der Sieben Meister dagegen, der 1546 zu Mantua erschienene „Erasto" enthält unsre novelle nicht.

Ich habe die spanische bearbeitung dieser italienischen Sieben Meister „Historia del principe Erasto hijo del emperador Diocleziano traducida del Italiano por Pedro Hurtado de la Vera. En Amberes 1573" nicht vergleichen können und bin auch sonst noch leider zu unbewandert in der spanischen literatur, um sagen zu können, ob und welche behandlung unsre novelle im vaterlande des Cervantes gefunden.

Der italienische Erasto wurde gleichfalls ins Englische 1674 von Francis Kirman übersetzt, obwol die Engländer schon eine sehr alte metrische übersetzung des ächten französischen textes hatten, welche Henry Weber in den „Metrical romances of the the thirteenth, fourteenth and fiftheenth centuries, published from ancient manuscripts" 1810 zu Edinburg herausgab. Nach A. Keller ist die älteste englische bearbeitung, welche aber unvollendet blieb, in den Anchileck Ms. enthalten. Unsre novelle ist hier no. 12 und führt den titel: the sheriff, his widowe and the knight.

Auch eine schottische metrische übersetzung von John Rolland existirte, welche in Edinburg 1576 und öfter, gleichwie die englische zahlreich im druck erschienen war.

In Burmanns Petronausgabe finde ich die notiz „Asserum Angliae regem hanc historiam in Anglicam linguam transtulisse, auctor est commentator Romul. in principio Comment. Erhardi."

Ein seltsames machwerk muss nach Daciers beschreibung das buch sein: Matrona Ephesia sive Ludus serius in Petronii arbitri Matronam Ephesiam. Operâ B. Harrisii M. A. Traduct. Lond. 1665 in 12°, wo es in der vorrede heisst „Postquam eam Graeco, Romano, Germanico, et Gallico cultu videram ornatam ... in mentem mihi venit eam more Anglico etiam vestire."

Als den jedenfalls sonderbarsten ort zur einflechtung der novelle führt Dunlop das buch „Jeremy Taylor, Rule and exercice of Holy

Dying" an, wo sie einen teil des V. capitels ausmacht „of the contingencies of death and treating our dead."

Chapmann machte zu anfang des XVII. jahrhunderts eine komödie daraus unter dem titel „The widows tears," welche dem XI. bande von Dodsleys ,Collection einverleibt ist, und die A. W. Schlegel (Werke ed. Boecking VI, 330) „nicht ohne komisches talent" nennt. Was die englische novellistik der älteren zeit im allgemeinen anlangt, so sagt Dunlop mit schöner unparteilichkeit: „obwol die italienischen novellen so grossen einfluss auf die englische literatur ausübten — es genügt auf Chaucer und Shakespeare hinzuweisen — so kann ich gleichwol nicht bemerken, dass sie originale erzeugnisse ähnlicher art hervorgerufen hätten. Andrerseits mag ihre wirkung in Frankreich weniger eingreifend gewesen sein, wogegen sie daselbst den impuls gaben zu gleichen schöpfungen von bedeutendem werte und berühmtheit." Dunlop meint hier die C nouvelles nouvelles und ihre nachfolger.

Statt daher an den ebenaufgeführten englischen bearbeitungen den mos anglicus zu studiren und zu expliciren, begnüge ich mich nur auf eine modernere version desselben näher einzugehen, welche der liebenswürdige verfasser des

„Vicar of Wakefield" in seinem „Citizen of the world" geliefert hat. Diese briefe eines in England reisen chinesen waren äusserlich eine nachahmung von Montesquieus 1721 erschienenen Lettres persanes. Goldsmith liess die seinigen zuerst im Public ledger abdrucken, 1762 erschienen sie als buch, vier jahre vor dem Vicar. Im letter XVIII ist unsre novelle enthalten.

Sie eröffnet mit bemerkungen, wie sie sich im munde des pfarrers ebenfalls vortrefflich ausnehmen würden. Es gäbe viele ehen, welche im beginn des wanderns gleich allen vorrat von liebe erschöpften, der für die ganze tagesreise bestimmt gewesen wäre. Sie hätten den rausch der entzückung, den nur der honigmond biete, für ewig und dauernd gehalten und wenn sie die täuschung eingesehen, so folge hass und gleichgültigkeit. Wenn er daher ein neuverehelichtes paar aussergewöhnlich freundlich vor andern sehe, so denke er immer, dass sie die gesellschaft oder sich selbst betrügen wollten. Aber die wahre liebe sagt er sehr hübsch „founded in the heart, will shew itself in a thousand unpremeditated sallies of fondness."

„Choang was the fondest husband and Hansi the most endearing wife in all the kingdom of Korea — beginnt dann die geschichte, welche im wesentlichen nach der chinesischen version, wahrscheinlich des père Dentrecolles aber doch mit erheblichen abweichungen erzählt wird. So führt Choang die dame, welche das grab fächerte, mit sich in seine wohnung, stösst sie aber in der kalten und stürmischen nacht wieder hinaus, weil seine frau über die untreue jener witwe so ausser sich ist, dass sie nicht mit ihr unter einem dache bleiben will. Der junge student kommt noch bei lebzeiten Choangs und ist zeuge des glücks der eheleute: „so fond an husband, so obedient a wife few could behold without regretting their owen infelicity." Aber Choang stirbt. Hansi war untröstlich, aber nach einigen stunden „she found spirits to read his last will." Endlich wird mit allgemeiner beistimmung der familie die hochzeit mit dem schüler Choangs festgesetzt. Sein krankheitsanfall am hochzeitsabend kann nur durch das auf seine brust gelegte herz eines todten gehoben werden. Als sie dem todten Choang das herz ausreissen will, wird er lebendig, erfährt von dem diener alles seit seinem scheintode passirte, und als er seiner frau ihre treulosigkeit vorwerfen will, findet er sie in ihrem blut schwimmend, sie hatte ihre schande und disappointment nicht überleben wollen. — Dass die änderungen Goldsmiths nicht glücklich sind, ist leicht zu erweisen, am criantesten ist aber der schluss. Choang, „unwilling that so many nuptial preparations should be expended in vain," heiratet noch in derselben nacht die dame mit dem fächer. „As they both were apprised of the faibles of each other before hand, they knew how to excuse them after mariage. They lived together for many years in great tranquillity and, not expecting rapture, made a shift to find contentment." Mit welch grausamer prosa ist diese ursprüngliche poesie hier ausgewischt worden, wie die farbigen heiligen eines katholischen domes durch die gleichmässige öde des protestantisch weissen kalkanstrichs übertüncht. Wie schamlos praktisch dieser englische praktikus, der die ausgaben für die hochzeit nicht umsonst gemacht haben will! Wirtschaft, Horatio wirtschaft, die leichenschüsseln — kalte hochzeitsspeisen! Und dann wie treu die alte regel befolgt, dass ein braver roman notwendig mit der hochzeit schliessen muss. Und welche moralische verbrämung dieses empörenden schlusses! Diese tugendsattheit ist fast noch widerwärtiger als die blanke immoralität des eleganten Lafontaine.

Es ist eine literarische kuriosität, dass die englische literatur sowie die französische mit der petronischen form unsrer novelle anhebend, mit der indisch-chinesischen redaction schliesst, und dass diesen schluss zwei so berühmte schriftsteller wie Voltaire und Goldsmith machen.

Indem ich im vorbeigehen erwähne, dass die holländische literatur die novelle durch ihre „Hystorie uan die seuen wise mannen uan Romen. Te Delf 1483" in 4° besitzt, sowie auch die dänische eine solche übersetzung erhalten hat, komme ich zum schlusse meiner skizze, welcher unsrer eignen literatur gewidmet ist.

Auch wir überkamen den stoff von den Franzosen, speciell durch ihre Historia Septem Sapientum, welche sogleich auch ins deutsche übertragen wurde. Die erste gedruckte ausgabe dieser übersetzung erschien zu Augsburg 1473 in folio „Hystori von den syben weysen meystern." Zahllose ausgaben in vielen städten Deutschlands folgten.

Diese deutsche prosaübersetzung übertrug der jurist Modius um 1570 in das lateinische zurück: Ludus Septem Sapientum de Astrei regii adolescentis educatione etc. antehac latino idiomate in lucem nunquam editus. Impressum Francoforti ad Moenum (s. a.).

Es ist seltsam, dass diesem deutschen rechtsgelehrten die existenz des lateinischen originals, welches auch durch zahlreiche gedruckte ausgaben schon längst verbreitet war, nicht bekannt gewesen zu sein scheint. Andrerseits stimmt indess der lateinische text des Modius keineswegs mit dem des mönchs von Haute Selve überein, da die deutsche prosaübersetzung eben keine blosse übersetzung war, sondern wesentliche und wichtige veränderungen, namentlich auch mit unsrer geschichte von der witwe, vorgenommen hatte. Modius konnte daher in gewissem sinne mit recht sagen, dass die deutsche gestalt der Sieben meister noch nie ins lateinische übersetzt worden sei.

Neben jener deutschen prosabearbeitung verfasste nun ein deutscher poet, mit namen Hans von Bühel, ganz wie die Trouvere jenseits des Rheins es auch gemacht, eine metrische übertragung des Siebenmeisterbuches.

„Us latin zuo tiutsche hat ers geschriben."

Unter dem titel „Dyocletianus Leben" hat auch diese deutsche bearbeitung herausgegeben Adalbert Keller (1841), aus einer handschrift zu Basel. 1473 war auch schon ein alter druck hievon erschienen.

Ich habe damit den text des Modius verglichen, welcher keine erheblichen abweichungen bietet.

Nach Kellers ausgabe lasse ich daher hier das deutsche gedicht im auszuge folgen.

Der eingang ist wie im französischen Romans de Sept sages.

„Ein wenig" blutet es auch hier, als die frau einen finger in das messer schlug. „Yme geswant und fiel nieder." (Er fiel in ohnmacht.) Sie bringt ihn durch wasser zu sich. Er schlägt die augen auf und verlangt schnell nach einem priester, denn er müsse sterben, niemand könne ihm helfen.

„Sit das ich gesehen han
das min liebes blut
der smertze min herze sterben tut."

Die knechte laufen alle hin. Der priester kommt aber zu spät. —

Ym so we tett sîns wibes smertz
das ym brach sin getruwes hertz.

Die ganze stadt klagt.

Die frau sagt: sie wolle kasteien ihrem leib, und nie einen andern nehmen —

Pfui, da müsste sie sich doch schämen.

Sie will nicht vom grabe weichen. Die freunde sagen: Es wäre der seele des verstorbenen viel besser, wenn sie heimginge und almosen gäbe, als dass sie sich hier nötete und tödtete.

Sie aber erklärt: Ich will aus liebe zu ihm sterben, wie er aus liebe zu mir gestorben. Da bauen ihr die freunde ein hüttlein und versehen sie mit essen und trinken.

Nun war neben dem kirchhof „ein recht" d. h. ein galgen. Lässt sich hier der (wacht-) hauptmann einen dieb stehlen, so verliert er all sein gut und sein leben steht „in des kunges hand."

Nun hatte es sich gefüget, dass am begräbnistage des ritters auch ein dieb gefangen und gehangen war. — Der hauptmann reitet in der sehr kalten nacht zum galgen hinaus, sieht das licht im hüttchen und bittet einzutreten, sich zu wärmen. Sie sagt
 wenn er züchtig sein wollte.

Als er warm geworden, bittet er artig, zu ihr einige worte sagen zu dürfen. Sie will ihn gern hören. Er sagt nur
 Ir sit hübsch jung und wolgeborn
 und solltet heimkehren, hier nicht klagen,

sondern almosen geben um eures mannes sele willen: das wäre got genemer. Sie singt das alte lied, dass sie hier sterben wolle. Der ritter reitet fort und findet den dieb gestohlen. Er denkt, die fromme und heilige frau im hüttchen könne ihm raten.

Sie lässt ihn auch ein und er sagt, dass es ihm nun an gut und leben ginge. Sie sagt:

> Wenn du folgtest meinem mut,
> Verlörst du weder leben noch gut.

Er sagt: er wolle folgen.
Sie:
> Gefiele dir eins
> Das du mich nemst zu der e.

Er will es herzlich gern.

Nachdem dies abgemacht, sagt sie:

Nimm meinen herrn, der um meiner liebe willen gestorben und erst gestern begraben: und henke ihn an den galgen.

Beide ziehen den todten heraus.

Der ritter sagt aber: Dem dieb hätten zwei zähne gefehlt.

Sie: nimm einen stein und schlag sie dem todten aus.

Er: „Das tun ich nicht durch den tod."

Denn do er lebt der fromme mann,
 guot gesellschaft hat er mir getan,
auch wäre es einem ritter eine schande, einem todten ritter so etwas zu tun.

S i e tut es, so dass im oberkiefer kein zahn bleibt.

E r : Der dieb hatte auch eine wunde „in die swart" und waren ihm die ohren abgeschnitten.

S i e : Dann tu ihm das auch.

E r :   Nie lieber geselle mir wart
 denn er was do er lebte.

Er schäme sich und würde keine ehre davon, empfahen, „wenn ein lebendiger einen todten schlüge."

Sie tut es.

E r : Noch eine grosse sorge: der dieb hatte wie er mit „urloup" sagen wolle,
 Die zwene, als die knaben tragen
 Zwuschent iren beinen
nicht, da sie ihm, als er gefangen, „usgezart" worden.

S i e : Verzagteren menschen sah ich noch nie
 So mir sant Helene
 Snide im heraus die zwene.

E r : Ein man ohne sein geschirre sei wenig nutze: es bringe ihm keine ehre, dem todten es auszuschneiden.

Sie schneidets ab und wirfts einem hunde
vor. Sagt: nun spür
> Das du mir lieb im herzen bist
> durch dich dis beschehen ist.

Beide hängen nun den körper auf.
Sie: nun wollen wir zur kirche gan
> zu der eh will ich dich han.

Er: Er hätten dem allmächtigen lieben krist
verlobt, kein weib (me) zu nehmen.

Die frowe erschrak und sagt:
> O ritter gut bis froeuden fro
> ich will dir wol getreuen
> du lässest es dich nicht gereuen.

Er: O du schemliche frowe.
> Du bist die boste ob allen wiben
> wer solt syn zit mit dir vertriben
> oder dich zu der e nemen
> Phy der must sich schemen
> diewil du dinem e mann
> so schemlich hast getann
> der durch liebe gestorben ist.

Er zählt ihre laster auf, sagt, er glaube, sie werde dergleichen nie mer me tun und schlägt ihr das haupt ab.

Diocletian sagt: die strafe sei gerecht.

Wie ein holzschnitt des meisters Albrecht Dürer gemahnt uns dieses gedicht des Hans von Bühel: herbe und lieblich, etwas ungeschliffen, roh und derbe und doch von tiefem sittlichen geiste erfüllt. Was der Römer und Franzose nicht hatten über sich gewinnen können, mit der sühne der schuld das gemüt des hörers von dem alp einer so schändlichen tat zu befreien, der Deutsche hat moralisches und künstlerisches gewissen genug, um allen respekt vor dem von fremder autorität ihm angebotenen stoff bei seite zu lassen und seiner heldin das fluchbedeckte haupt vor die füsse zu legen. Ja, die Matrone, die beim Petron, bei dem mönch von Haute Selve, bei all den trouveren des lustigen Frankreichs, bis auf Lafontaine herab, wenn auch nicht erhobenen hauptes (bei Lafontaine freilich sogar stolz und gerechtfertigt!) doch ungestraft und mit heiler haut davongegangen war, am schlusse der geschichte: der germanische novellist schlägt ihr den kopf herunter. Es scheint in der tat, dass der indische geist, welcher allein diese geschichte tragisch enden liess, unbewusst sich hier auf den germanischen urenkel niedergelassen hat, um ihm den einzig würdigen schluss einzugeben. Ja, wir stehen den arischen ahnen noch immer näher als irgend ein andres volk der welt, nur wir konnten noch im XIX. jahrhundert eine philosophie hervorbringen, welche mit dem tiefsten religionssystem der Inder so wunderbar zusammenstimmt.

Mit lieblichen zügen im einzelnen hat Hans von Bühel seine darstellung geschmückt. So die ausführliche beschreibung des todes des mannes. So der schöne vers:
Ym so we tett sins wibes smertz
das ym brach sin getruwes hertz.

Statt dessen der französische trouveur die bemerkung macht: er habe keines löwen herz gehabt, da er bei solch einer gelegenheit, um solche bagatelle gestorben sei. Auch die rede der verwandten ist mit vortrefflichen neuen zügen ausgestattet, wie die aufforderung almosen zu geben. Das zwiegespräch zwischen dem ritter und der frau hat das meiste neue detail aufzuweisen. Man könnte finden, dass der Deutsche hier die verstümmlung etwas zu sehr ins grasse und krasse gehäuft und übertrieben habe. Was die sämmtlichen französischen versionen einzeln haben, die verwundung mit dem degen im fabliau, das ausbrechen der zähne in den 7 Sages, das abhauen des ohres bei Brantôme, das lässt Hans von Bühel seine frau alles zusammen vollführen und für das Voltaire'sche abschneiden der nase substituirt er ausserdem noch eine weit schrecklichere verstümmlung und macht sie durch das den hunden vorwerfen noch schauderhafter. Vor dieser überladung hatte den Franzosen sein grösserer kunstverstand für das detail bewahrt. Andrerseits aber musste der Deutsche absichtlich die leichenschändung um so kräftiger hervorheben, je heiliger ihm der todte körper von uralter zeit her gewesen war. Schon die Edda prophezeit: einst werden die nägel der todten unbeschnitten bleiben; und das sei der anfang des weltbrandes. Es war ein alter deutscher glaube geblieben, dass wenn der todte mit einer laus am körper begraben werde, dann müsse seine lieblose familie, die ihn nicht einmal gewaschen und das reine leichenhemd angetan, nachsterben.

Wenn ein frisches grab einsank, ein zeichen, dass der todte verabsäumt worden, so muss die familie auch nachsterben (Rochholz I, p. 203).

Als Otto III. in der gruft Karls des Grossen dem kaiser einen zahn zum andenken aus dem munde genommen, da erschien ihm im traume der kaiser, ihm ankündigend: er werde vor der zeit und kinderlos sterben. (Grimm, Deutsche Sagen. No. 475.)

Beim wegziehen aus Weissenburg begruben die Zigeuner einen der ihren auf dem kirchhofe, warnend, den todten nicht zu stören. Später aber fand man, bei ausbesserung der kirche, das Zigeunergerippe. Einer der arbeiter zog einen zahn aus dem noch ganz zahnvollzähligen munde. Es blutete und bald darauf brannte Weissenburg ab. (Schönwerth, Oberpfälzische Sagen III, 165.)

Solches geschah wegen eines zahnes. Und was hatte diese treulose witwe mit dem körper ihres eigenen mannes, der aus liebe zu ihr gestorben war, getan!

Diese Deutschen des mittelalters wollten allerdings „verbrechen, blutig, kolossal," die blosse treulose gesinnung genügte ihnen zur strafe nicht, während bei dem zarter fühlenden Inder die blossen sündigen gedanken ihre strafe nach sich zogen — wovon Goethes Legende ein so wundervolles beispiel bietet, wie er andrerseits im Gott und der Bajadere die indische gattentreue unsterblich verherrlichte, zum beweise, dass der indische geist in dichtung wie philosophie noch immer unter uns mächtig ist.

Indem Hans von Bühel seine witwe von einer schändlichen handlung zu einer immer noch schändlicheren fortschreiten lässt, und dies stets nur ganz trocken berichtet, offenbart er uns den ganzen paroxismus der leidenschaft, in dem diese frau sich befinden muss. Eben diese trockenheit der darstellung, diese holzschnittmanier, wirkt um so ergreifender. Erst am schlusse bricht dann der ritter — hier ein lieber freund des verstorbenen! — in einen lange verhaltenen strom der bittersten schmähungen aus, bis er sein schwert zieht und ihr leben und die novelle endet.

Grade im angesichte dieser tragisch beschlossenen version empfindet man recht deutlich den fast unbegreiflichen, enormen künstlerischen mangel aller jenen andern darstellungen. Nur in der deutschen wie in der indischen version hat die novelle kopf und schwanz, hand und fuss.

Es gehört sicherlich ein nicht geringerer ästhetischer mut dazu, diese novelle mit der hinrichtung zu schliessen, als es überhaupt den menschen überwindung kostet, das blut seines nächsten zu vergiessen. Aber der dichter soll, wie Arthur Schopenhauer irgendwo sagt, wissen, dass er das schicksal ist und daher unerbittlich sein wie dieses. Allein die Franzosen und Italiener und auch trotz oder vielmehr wegen grösserer heuchelei in diesem puncte, die

Engländer sind eben in sachen der moral nicht unerbittlich und so nehmen sie es auch mit der treulosen witwe nicht so scharf, wie der sittlichere Deutsche, bei dem zwar ganz gewiss dieselben taten vorkommen, die nämlichen ehe- und andre treubrüche, welcher sich aber bis auf diesen tag das ethische verwerfungsurteil über seine eigne handlungen bewahrt hat. Er richtet seine eigne taten, er beschönigt sie nicht und hält nicht auch das unsittlichste wie Lafontaine für „pas une si grande affaire."

In Frankreich und Italien gilt noch heute der ehebruch als etwas, das nicht blos an der tagesordnung, sondern auch in der ordnung, in der sittlichen ordnung der gesellschaft möglich, ja erlaubt.

Nicht alle deutsche autoren haben indess die treulose witwe mit so harter gerechtigkeit behandelt wie der ehrliche Hans von Bühel. In einer Stuttgarter handschrift freilich, die Keller erwähnt, wird der decapitirte körper der frau noch obendrein ins wasser geworfen. Andre variationen endigen aber nicht so tragisch, weil dazu wie gesagt ein mut gehört, den mancher Deutsche, der ihn auf dem kampfplatze wohl hätte, doch auf der arena der literatur leider vermissen lässt.

So führt Keller an „Deutscher Esopus 1498. fol. 20." Hier hat der gestohlene räuber eine glatze. Die witwe reisst daher ihrem todten mann mit händen und zähnen die haare aus! Trotzdem wird sie hier von dem ritter nicht getödtet.

In Boners fabeln ist es die 57. Boner hat seine fabeln, wie er am schluss selbst sagt, aus dem lateinischen übersetzt. Die 57. ist offenbar aus dem mehrerwähnten Anonymus, der die fabeln des Romulus versificirte. Wir wissen also schon, dass diese gestaltung der Petronischen Matrone ohne jedes verdienst ist. (Vergl. pag. 77.) Boners angehängte moral ist eine seichte aufzählung, wie viel unheil die frauen schon angerichtet hätten, Troja zerstört, Salomon geschändet etc.

Aus Lassbergs Liedersaal No. 37 teilt Wolfgang Menzel (Deutsche Dichtung I, 418) mit: „Ein weib war so frech, ihren mann, der sie zärtlich liebte, zu überreden, dass er sich einen gesunden zahn ausziehen liess, den sie dann triumphirend ihrem buhlen brachte. Aber der buhler dachte: hat sie das dem mann getan, wird sie mir nicht besser tun, und floh sie von stund an."

Derselbe hochverdiente verfasser bringt

(II, 96) aus Kirchhofs Wendunmut eine sehr merkwürdige umbildung unsrer novelle bei:

„Eine witwe konnte sich von ihrem geliebten gatten Johannes nicht trennen, liess sich also einen aus holz machen und behielt ihn alle nacht im bette, bis die kluge magd ihren lebendigen bruder, der ein hübscher bursche war, einmal statt des holzbildes zu ihr legte. Die frau war es auch zufrieden und als sie am morgen das frühstück nicht kochen lassen konnte, weil die magd sagte: es sei kein holz mehr da; befahl sie, den hölzernen Johannes in den ofen zu werfen."

In den Fastnachtsspielen des Jacob Ayrer († 1605) im II. teil des Opus thaeatricum wird ebenfalls erwähnt, dass ein bauer am hofe Alexanders des Grossen diesem das lied vom hölzernen Johannes vorsingt.

Wie Petronius die tiefsinnige, edle und schöne indische novelle zu einer römischen soldatenhistorie gemacht, so ist sie hier zu einem platten bauernwitz geworden. Immer aber bleibt die erfindungskraft des menschlichen geistes bewundernswert, der in so zahlreiche formen und verbindungen denselben stoff eingehen hiess.

Als ein wundersames gegenstück, woran die erinnerung vielleicht dem erzähler und sänger des hölzernen Johannes nicht entschwunden war,

erscheint uns jenes tiefpoetische, süssmelancholische waldbild, welches der hohe Wolfram von Eschenbach von der schönen Sigune entworfen, die ihres Tchionatulanders leiche einbalsamirte und in den zweigen einer linde neben sich aufbewahrte um daneben wie eine turteltaube zu klagen. Und als Parcival sie überredet, den geliebten zu beerdigen, ging sie als einsiedlerin zu jenem berg, der Montsalvat genannt.
Auch diese dichtung Wolframs und des späteren Albrecht von Scharfenberg hat schon ein vorbild an dem roman des Ephesiers Xenophon. Im eingang des V. buchs wird die liebe des Aegialeus und Thelxinoe einfach und rührend dargestellt. Aegialeus zeigt dem Habrokomes seine einbalsamirte geliebte. Dem Habrokomes würde sie wie eine alte frau vorkommen, ihm selbst sei sie trotz alter und tod noch immer die jugendlich blühende geliebte. Er esse und schlafe mit der leiche. „Τας παννυχίδας ἐννοω, ich denke dabei an die einstigen vollnächte. Ἐρως ἀληθινος ὁρον ἡλικιας ουκ ἐχει."

So verknüpfen sich unerklärlich die entlegensten zeiten und dichter!

Im 18. und 19. jahrhundert erlahmte die

ebengerühmte erfindungskraft, soweit sie auf unsre novelle gerichtet war. Christian Friedrich Weisse's erster dramatischer versuch war „die Witwe von Ephesus", ebenso geistlos langweilig wie seine spätern. Lessing schrieb die ersten 8 scenen einer „Matrone von Ephesus" ganz nach Petron, in jener seiner Plautus und die Franzosen verquickenden lustspielmanier. Er liess sich auch später in der Dramaturgie (ed. Lachmann VII, 160 f.) über den stoff vernehmen:

„Das märchen des Petron ist unstreitig die bitterste satire, die jemals gegen den weiblichen leichtsinn gemacht worden."

Trotz dieses urteils fährt Lessing fort: „bei Petron glauben wir, was sie tut würde ungefähr jede frau getan haben, selbst ihren einfall, den lebendigen liebhaber vermittelst des todten mannes zu retten glauben wir ihr, des sinnreichen und der besonnenheit wegen, verzeihen zu müssen, ja wir könnten es eben des sinnreichen wegen für einen blossen hämischen zusatz des erzählers halten, der mit einer giftigen spitze habe schliessen wollen." Aber bei de la Motte, im drama, würde der charakter der Matrone, der in der erzählung ein nicht unangenehmes höhnisches lächeln über die vermessenheit der ehelichen liebe erweckt, — ekel und grässlich.

Wir können daraus abnehmen, wie matt und zahm er sein stück ausgeführt haben würde. Wieland behandelte die novelle, aber seinem französischen grossen vorbild, Voltaire, gemäss, orientalisch, nämlich nach den 40 Vezieren. Wilhelm Heinse lieferte dagegen wol die erste deutsche übersetzung der Matrone von Ephesus in dem ohne seinen namen erschienenen buche „Begebenheiten des Enkolp. Aus dem Satyricon des Petron übersetzt. Rom, 1773" zwei bände. Später hat er in seinen briefen dies werk ausdrücklich als das seinige anerkannt. Die 48 seiten lange vorrede zum ersten bande ist unterzeichnet „Geschrieben in Augsburg im Februar 1773 während meiner reise nach Italien um den Winkelmannischen Apollo zu betrachten." Das 6 seiten lange vorwort zum zweiten bande beginnt: „Lesen Sie nur weiter! was Sie nun lesen werden, ist eigentlich das, was dieses werk des Petron bei allen nationen so beliebt gemacht hat. Die erzählung von der Matrone zu Ephesus, das gedicht auf den bürgerlichen krieg, die beschreibung der liebeshändel des Encolp mit der Circe sind immer bewundert, öffentlich und heimlich nachgeahmt und übersetzt worden. Aber darin glänzt der genius des Petron ... und eben deswegen habe ich dieses werk übersetzt." Die erzählung selbst steht auf pag. 112 bis 123. In anmerkungen weist Heinse auf Johannes Salisberiensis und Lafontaine hin, welch letztrer den Petron verschönert habe. Zum schlusse macht der dichter des Ardhingello eine für ihn sehr charakteristische bemerkung. Er referirt vom Joh. Salisberiensis, dass nach Flavianus das weib wie eine ehebrecherische mörderin bestraft worden sei, und fährt dann fort: „Höchst unbillig wäre das urteil gewesen! die alten Griechen, selbst Drako würde nie so einfältiglich und grausam gestraft haben. Man setze sich nur an die stelle der Matrone! Man wird nichts unnatürliches finden." Ich setze diese stelle aus der vor mir liegenden originalausgabe des seltenen buches her; denn leider hat Heinrich Laube dies für den jungen Heinse so bedeutsame werk, das ausser den vorreden auch noch zahlreiche excurse in anmerkungen von seiner feder enthält, von der gesammtausgabe ausgeschlossen, während er doch sogar die weit weniger wichtigen prosaübersetzungen aus Ariost und Tasso mitteilt. Von einem schriftsteller, der wie Heinse bei dem ausserordentlichsten genie doch nur so wenige früchte desselben hinterlassen hat, ist jede zeile kostbar und muss konservirt werden. Endlich hat auch Lichtenberg die treulose-witwen-literatur mit einem kleinen beitrage bedacht. Zur fünften platte „Industry and Idleness" vom Hogarth erzählt er uns folgendes vom „cuckoldpoint": „die landspitze, die man hier in der ferne sieht, ist bekannt genug und heist bei den seeleuten die hahnreispitze. Sie liegt gegen den ausfluss der Themse hin. Unter den erklärungen, die man von dem ursprung dieser benennung hat, ist vielleicht folgende die witzigste, obgleich der einfall für einen aus der illüstren familie der Matrone von Ephesus nicht gewandt genug ist. Man glaubt nämlich, dass die tiefgebeugten strohwitwen der seefahrer nicht allein mit der thränentrocknung, sondern auch mit der regulirung des nötigen vikariats gewöhnlich schon völlig zu stande wären, wenn ihre männer beim auslaufen diese spitze passiren."

In durchaus eigentümlicher weise hat Clemens Brentano das sujet behandelt in seiner ballade „des todten bräutigams lied." Dass ihm irgend ein volkslied dabei vorgelegen, ist nicht unwahrscheinlich, jedenfalls hat er ein volkslied daraus gemacht, welches recht gut in „des Knaben Wunderhorn" hätte stehen können.

Die abfassung fällt in Brentanos früheste zeit, und nur hieraus ist die etwas sehr laxe moral zu erklären. Wäre er schon der dichter der „Romanzen vom Rosenkranz" oder der „geschichte vom braven Casperl und schönen Annerl" gewesen, so würde er auch dies unser sujet tragisch aufgefasst und behandelt haben. Denn das verhältniss von schuld und busse ist ja das eigentliche thema von allen dichtungen des Clemens Brentano. Es tritt auch in seinem „lied des todten bräutigams" hervor, nur dass die busse hier, — die treulose heldin heiratet einen armen mann, — eine niedere weltliche ist, während der dichter später der höheren, christlichen sündentilgung allein zu ihrem recht verholfen haben würde.

Der letzte, u. z. last and least ist der Deutschfranzose Chamisso, in dessen Gedichten (2. Auflage 1834 p. 208—214) ein „Lied von der weibertreue" enthalten, das sich gleich mit dem motto aus Lafontaines matrone d'Ephese als eine verwerfliche nachahmung der an sich schon niedrig stehenden französischen bearbeitung ankündigt. Während aber Lafontaine immer noch hofmännisch elegante manieren hat, scheint Chamisso in Deutschland etwas von seiner angebornen französischen feinheit zu seinem nachteil eingebüsst zu haben. Wenigstens diese seine Matrone von Ephesus hat ohne so witzig zu sein wie der hölzerne Johannes nur dessen bäurische rohheit. Jede strophe seines langatmigen poems schliesst anfangs mit dem refrain:

Schrecklich plagt der hunger,

und gegen das ende mit:

Du lieber lieber landsknecht.

Der hunger ist das hauptagens in seiner auffassung der novelle, seelische motive sprechen bei ihm nicht mit. Der humor kann freilich auch das materiellste ingredienz zu sublimer wirkung verwenden, aber beim guten Chamisso ist der humor leider ausgeblieben.

Ungefähr gleichzeitig mit Chamisso erschien in München (1835) „Ein Volksbüchlein". 2. ausgabe. Worin, nach Keller, pag. 181 enthalten „Von der Weiber lieb und treu. Ein Schwank. Nach Petron."

So weit hatte man also die Sieben Meister, obwol auch diese abgekürzt als prosaisches volksbuch erschienen sind, vergessen, dass selbst in „volksbüchlein" wie von den gelehrten kunstdichtern die geschichte nach Petron behandelt wurde.

Aber die ächte, die ungeschriebene volkspoesie läuft noch immer neben jener andern her, wie einst die süssesten melodien und worte des deutschen volksliedes die fade zopfige prosaisch bürgerliche meistersängerei akkompagnirten.

Die geschichte von der treulosen witwe ist im französischen und deutschen tierepos wiederholt worden.

In den „Kinder- und Hausmärchen" gesammelt durch die brüder Grimm. 5. stark vermehrte und verb. aufl. Göttingen 1843 (die neueste berliner ausgabe hat mit einer unbegreiflichen pietätlosigkeit die schöne widmung an Bettina von Arnim und die übrigen vorreden weggelassen!) gehört nämlich No. 38 im I. bande pag. 240—243 ganz offenbar zu unserm novellenkreise.

Grimms teilen hier zwei versionen mit. In der ersten stellt sich ein alter fuchs scheintodt, weil er glaubte, seine frau sei ihm nicht treu. Die frau füchsin ging in die kammer.

Die magd jungfer katze empfängt die freier, alle werden abgewiesen, bis der rechte, nämlich mit neun schwänzen wie ihr verstorbner, kommt. Als die witwe das hörte, sprach sie voll freuden zur katze:
> Nun macht mir thor und thüre auf
> und kehrt den alten herrn fuchs hinaus.

Der regte sich aber, als eben die hochzeit gefeiert werden sollte, unter der bank und prügelt das ganze gesindel durch und jagt es samt seiner frau zum haus hinaus.

In der zweiten version ist der fuchs wirklich gestorben. Als freier kommen wolf, hund, hirsch, hase, bär und alle waldtiere, denen aber immer eine von den guten eigenschaften des alten fuchses fehlt. Endlich aber kommt ein junger fuchs, der rote höslein und ein spitzmäulchen wie der alte hat. Da heisst es:
> Katze kehr die stube aus
> und schmeiss den alten fuchs zum fenster hinaus.
> Bracht so manche dicke fette maus,
> frass sie immer alleine,
> gab mir aber keine.

Schluss und lustige hochzeit.

Im III. bande 3. aufl. Göttingen 1856 hat

Grimm pag. 67 hiezu angemerkt, dieses märchen werde vielfach in Hessen und in den Maingegenden erzählt. Der alte fuchs sei in manchen versionen nur scheintodt, wie im altfranzösischen gedicht. In Hannover ist dieses märchen von einem löwen zu anfang dieses jahrhunderts auch noch, erzählt worden, und erinnerte sich der verehrte literaturfreund, dem ich diese notiz verdanke, namentlich des in der jugend gehörten verses:

Schmeisst den alten herrn löwen zum fenster hinaus.

Von einer katze wird es in Mecklenburg erzählt. Die jungfer der katze heisst hier Dörth (abkürzung für Dorothea).

Als endlich der richtige kater kommt, ruft die witwe katze: „Dörth! Dörth!"

‚Fru katt?'

„Smît aas övern tûn."

Schmeiss das aas, den leichnam des alten katers, übern zaun!

Es ist erstaunlich, wie rein sich in diesen lebendigen volksüberlieferungen der uralte indische geist erhalten hat! Namentlich in der ersten Grimmschen version, welche frappante ähnlichkeit mit unsrer indisch-chinesischen novelle!

Dass im humoristischen tierepos ein tragischer schluss nur absurd wirkte, dagegen die prügel sehr am orte sind, hatte der heitere freie volksgeist, der diese köstliche variante zu jener tiefen socialen tragödie schuf, vortrefflich begriffen.

Von keinem klassischen gedanken ist diese harzduftige waldpoesie angekränkelt. Sie ist ganz direkt vom Indus zum abendlande gewandert. Sie muss älter sein als das buch des mönchs von Haute Selve. Sie ist immer im geheimen nebenher gegangen, neben jenen rauschenderen dichtungen der trouvere und minnesinger. Wie ein veilchen blühte diese lange übersehene poetische blume neben den stolzen prunkenden lilien und rosen. —

Wie wunderbar ist es aber, dass jene novelle, welche wir als eine der frühesten geburten des sinnenden volksgeistes erkannten, noch heute auf unerklärliche weise im munde des volkes fortlebt!

Das ist die unzerstörbarkeit der künstlerischen ideen, die geheimnissvolle kontinuität alles geistigen lebens. Wie die herzen zweier liebenden, die durch berge, ströme und meere getrennt sind, so verstehen und finden sich wieder, auch durch die ferne der jahrtausende, die verwandten geister der literaturen. Denn sie sind im grunde ein s.

Göttingen am tage der h. Praxedes
21. juli, revidirt Rom den 7. nov.
1872.

DR. EDUARD GRISEBACH.